心と感情が整う
「平常心」の
作り方

怒らない習慣力

種市勝覺

WAVE出版

はじめに
人生に大逆転を起こす「怒らない」習慣

本書を手にとっていただき、ありがとうございます。
あなたは、普段、

「いつもすぐイライラしてしまう」
「いつも人間関係でトラブルばかり抱える」
「自分の感情に振り回されてしまって、疲れてしまう」
「すぐに怒ってしまい、あとで後悔する」

ということはないでしょうか。
自分の感情は、自分の内側から生まれるものでありながら、コントロールできないと思われているかもしれません。

怒りやイライラという感情そのものによい悪いはありませんが、この感情が生まれる回数が多かったり、それで仕事や人間関係のトラブルが生まれたりしているのであれば、本書でご紹介する方法を実践してください。


この本は、単に怒らなくなる本ではありません。

生まれてくる感情に対して「怒らない」を選ぶ習慣を身につけようという本です。

そのための方法とコツをたくさん書かせていただきました。


怒らない習慣を手に入れると、人生が変わります。それも劇的に。


私はカウンセラーとして活動しています。人間関係の悩みから、お金、仕事、経営など幅広い悩みのご相談をたくさんいただいています。アドバイスをしたり、コンサルティングをしたりすることで、問題を改善するのが仕事です。

クライアントさんが抱えられている悩みや問題は多岐にわたりますが、ざっくり一言でいうと、

「仕事や人生がよい方向になかなか向かわない」

ということです。

本書で人生を大逆転させる **〝とっておきの方法〟** をお伝えします。

それが「怒らない習慣力」です。

本書でご紹介するメソッドを実践していただくことで、次のような変化を感じられるようになります。実際、私のクライアントさんたちから、

- **毎日幸せや充実感を感じながら、生きられるようになった**
- **嫌な出来事や、受け入れがたい結果、失敗に対して、凹まなくなった**
- **人間関係に悩むことが減った**
- **自分が困ったときに人から助けられる機会が増えた**
- **イライラすることが減り、仕事のパフォーマンスや集中力が安定した**
- **自分を責めたり、他人を攻撃したりすることがなくなった**

・自分を大切にできるようになり、自信が持てるようになった

など、驚きの声をたくさんいただいています。

怒らない習慣が人生を好転させる理由

なぜ、怒らない習慣が、人生をよい方向に向かわせるのかを説明しましょう。

怒りというのは人間に当たり前にある感情です。

何かに取り組む際、怒りを糧に行動を起こしたり、モチベーションを高めたりすることもありますし、怒りがエネルギーになるという人もいます。

しかし、多くの場合、中長期的に見れば、怒りはあまりよい結果に結びつきません。

「感情に振り回されてしまって、疲れてしまう」

「いつもイライラして、人間関係でトラブルになる」

「冷静に対応したいのに、感情的になってしまい、あとで後悔する」

など。感情をコントロールできず、振り回されてしまうと、仕事や人間関係においてもよい結果が手に入らなくなるのです。

それどころか、イライラする、怒る、他人や自分を攻撃するのが当たり前になった人のところには、運もチャンスもお金も望む結果もやって来なくなります。

逆に、「怒らない習慣」が手に入ると、他人の氣持ちに配慮できるようになり、まわりの人や起こる出来事や失敗にも振り回されなくなります。

そして、常に内面をよい状態にしておくことができます。そうなると、仕事のパフォーマンスも上がり、人間関係もよくなり、ストレスや不安、心配事とは無縁の平穏で幸せを常に感じられる人生になっていきます。

人生の質は、何で決まるのか？

人は誰もが幸せになりたいと思っているはずです。不幸になりたい、失敗したい、辛い人生を歩みたいなどと思って生きている人はまずいません。当たり前ですよね。

頭では幸せになりたい、成功したいと思っているのにもかかわらず、うまくいかず苦しい人生になってしまう。なぜなのでしょうか。

たとえば、人はお金があると幸せになれる、という勘違いをします。そうではありません。

今の時代において、幸せを手にするためにある程度のお金は必要条件であっても、十分条件ではありません。

「お金があっても不幸せな人」がいる一方で、「お金はあまりないけど、幸せな人」もいます。つまり、人生の質や幸福は、お金では決まらないのです。

では何で決まるかと言うと、「毎日をどのような感情で過ごしているか」です。

どれだけ成功していてお金があっても、毎日部下を怒鳴り散らし、精神的・肉体的な余裕がなく、家族と喧嘩ばかりしている人生では、どこにも幸せはありませんよね。

お金があれば幸せになれる、成功すれば幸せになれるというのは幻想です。

お金や成功ではなく、日々の感情がどんな状態で過ごせているかが重要なのです。

「怒らない」は選択できる

「怒らないって、それができれば苦労しないわ」
「そうはいってもイライラするし、つい怒ってしまうんです」
「怒らないほうがよいとわかっていても、つい子供に怒ってしまう……」

という人がいらっしゃるのもわかります。

本書は怒らない習慣を手に入れることを提案していますが、一切怒ってはいけないということではありません。

怒るべきときは怒っていい。私だって怒ります。

そうではなく、積極的に怒らないことを選択しようというもの。必要以上に怒らない自分を作っていくことで、人生が好転するということを知ってもらいたいのです。

本書でご紹介する方法を意識して過ごすだけで、自分の感情をコントロールして、

怒らない生き方を選択できるようになります。

すると毎日を過ごす感情が、穏やかで豊かに変わり、幸せや充実感、喜びを感じながら過ごせるようになります。

怒らないという選択をすると、不思議と人生に大きな変化が起こるのです。

本書が、皆様の人生において少しでもお役に立ち、今ある流れを好転させるきっかけとなれば、著者としてこれほど嬉しいことはありません。

種市勝覺

第2章

感情の器を広げる「受け止め方」の技術

第5章 いい人間関係を作る「人とのかかわり方」の習慣

第6章 嫉妬が消える「自尊心」を育てる習慣

第7章 失敗の受け入れ方＆イライラ緊急対処法

第1章

怒りの正体

イライラは長続きしない
衝動的な反応にすぎない

「些細《ささい》なことでイライラしてしまう」

「怒りっぽい自分が嫌、すごく疲れる」

「どうしてもイライラを抑えられない……」


そんなふうに思い悩んでいないでしょうか。

自分の中から湧き上がる感情のうち、喜びや嬉しさなどのポジティブなものだけを味わって、怒りや悲しみなどのネガティブなものに蓋《ふた》をする、ということはできるでしょうか。

残念ながら、そんな都合のいい処理はできません。

いっぱい怒る人は、いっぱい喜べる人でもあります。

なぜなら、どちらも、豊富に反応できるということだからです。

些細なことに反応するから怒りっぽいけれど、些細なことにも喜べるから、幸せをたくさん感じられるのです。

逆に、些細なことに反応しなければ冷静さを保ちやすいけれど、小さな喜びや幸せも「なんだ、この程度か」と無反応のままになります。

イライラしたり、怒ったりする人生ではなく、日々幸せを感じて過ごしたいのではないでしょうか。

どうすれば、日々幸せを感じて過ごせるようになるのでしょうか。

それは「平穏に過ごす」ことです。

「それができるなら苦労しないよ」

と思う人もいるでしょう。

しかし、「イライラする」を選択しているのはあなた自身。

そもそも、イライラとは、思い通りになると思っていたことが、思い通りにならなかったときに芽生える感情です。

「思い通り」というのが、自分を苦しめるひとつのキーワードです。

そもそも、世の中に思い通りになることなど、ほとんどありません。

どうにもならないことを、どうにかしたいと思うときに、イライラは芽生えます。

たとえば、

- **飛行機が悪天候で欠航になって、大切な会合に出席できないとわかったとき、航空会社に文句を言っても運航にならないのに、「なんとかならないんですか⁉」と詰め寄りたくなる**
- **日常業務でミスをした場合、自分に苛立ってしまう**
- **言うことを聞かない子どもを叱りながら、叱っている自分にもうんざりする**

このように、どうにもならないことが起こったときイライラする感情は、衝動的な反応で長続きするものではありません。

ですから、しばらくすれば、いつも通りの平穏な状態に戻ります。イライラしている自分に氣づいたら、一呼吸。

本来はこれで収まります。ただし、これが頻繁に起こったり、仕事や日常生活にも問題を起こすようになったりしたら、厄介です。

実際、私のクライアントさんにも、

・自分の感情をコントロールできないことで、家庭内不和になった
・いつも人間関係でイライラしてしまい、転職を繰り返している
・些細なことが氣になってしまい、仕事に集中できない
・毎日、怒ってばかりで疲れてしまった

という方がおられ、これまでもたくさんのご相談を受けてきました。自分の心を平穏にできなければ、人生は好転していきません。

イライラ・感情に振り回される原因

常日頃から、イライラしてしまう、すぐに怒ってしまう、自分自身の感情に振り回されてしまう原因は何なのでしょうか。大きく分けて、次の４つが挙げられるかと思います。

原因１：受け止め方のクセ
原因２：余裕がない
原因３：自分のルールを他人に押しつける
原因４：自尊心の低さ

これらはある意味で同じ問題ですが、それぞれ対処法が異なりますので、分けて捉える必要があります。ひとつずつ見ていきましょう。

原因１：受け止め方のクセ

イライラするときは、何も原因がない状態でイライラするわけではありません。目の前の出来事に対して、どのように反応するかで変わってきます。たとえば、部下がミスをした、仕事で失敗した、クレームをつけられた、誰かのせいで予定が狂った……など。何かしらの出来事があり、それを受けて、イライラし、ときに怒ったり、感情が不安定になったりします。

そこで大事なのは、**出来事がイライラを作り出しているわけではない**ということです。

イライラを作り出しているのは、自分自身の受け止め方なのです。

部下が失敗したとき、叱責《しっせき》する人もいれば、怒らないで対応できる人もいます。これは生まれ持っての性格などではなく、出来事に対する受け止め方が違うからです。

もう少し言うならば、出来事に対する受け止める心の枠の大きさが異なります。

物事の受け止め方というのは、あなたの前提となっている感じ方のクセと言っていいいかもしれません。そして、心の枠というのは、感情のスイッチが入るセンサーのこと。詳しくは2章でお伝えしていきますが、自分の許せる範囲のサイズのことだと思ってもらえればいいでしょう。

この受け止め方のクセは、書き換えることができるのです。

原因2：余裕がない

もうひとつの原因は、「余裕がない」ということです。

余裕とは空白のことであり、スペースのこと。精神的な余裕がない人ほど、すぐに怒ったり、イライラしたりして、自分を見失ってしまうことが多いかと思います。

これは世界的な潮流かもしれませんが、現代人は、かつてに比べてますます心の余裕がなくなってきています。昔に比べると現代は、仕事にスピードが求められたり、あいまいさが許されなくなってきたり、精神的・時間的に寛容さが失われつつあります。SNSなどでも炎上やバッシングなどを見る機会が増えてきました。これもある意味で、多くの人の心に余裕がなくなってきている表れだと思います。

原因3：自分のルールを他人に押しつける

自分の信じていることを他人に押しつけることから生まれている怒りもあります。自分の信じていることを私は「世界観」などと言ったりします。「〜すべき」「〜でなければいけない」などの自分自身が信じ込んでいるルールが誰にでもあります。こういったルールが厳しい人ほど、他人に怒ったり、言動にイライラしたりする傾向があります。

このルールの対処法を知らなければ、感情に振り回されることはなくなりません。

原因4：自尊心の低さ

自尊心というのは、自分を尊重でき、自分を価値ある人間だと感じられる心のこと。つまり、その人が満たされているか、がカギになります。自分が満たされていないと、他人を満たすことはもちろん、他人の成功や状況が妬ましく感じられてしまうのです。自尊心の低い人は、自分を押し殺し、本音を隠し、他人にも自分にも嘘をついたり、責めたりする傾向にあります。

自尊心を持てるようになると、心に余裕が生まれ、自分だけでなく他人にも優しくでき、許す心が醸成《じょうせい》されていきます。また、何が起きても大丈夫という根拠なき自信を持てるようになり、心の状態が安定するようになるのです。

これら4つが、慢性的にイライラしてしまいがちな人の心の傾向です。原因のうち、どれかひとつだけ、という人もいれば、全部当てはまっているという人もいるでしょう。

これらのそれぞれの対処法については、このあとの章で詳しくご紹介していきます。それらを実践することで、怒らない習慣が身につき、平常心が作られていきます。

対処法をご紹介する前に、そもそも平常心とは一体何なのかを考えていきましょう。

平常心とは何か？

平常心と聞いて、あなたはどういうものを想像するでしょうか。


「常に心穏やかで、平静な様子」

「どんなことにも動じない」

「感情の起伏が少ない心の状態」


など、様々でしょう。

多くの人は「どんなことにも動じない心」と考えるかと思います。

私は、メンタルが強く何にも動じないように思われるのですが、実はものすごくビビりであることを公言しています。しかし、私は長く修行を積み自身の弱さと向き合ってきたことから、平常心を手に入れている自信があります。

そもそも平常心は「どんなことにも動じない心」ではありません。

一言で言えば、**「心を平常に戻す力」**のことです。

平常心は不動心と呼ばれるものと同じで、感情の波を起こさないことではなく、波が起きても、元の状態に収める力を指します。

自分に関心のあることで予想外のことが起きたら、「えーっ！」「嘘でしょ？」と驚いて動じるのが人として自然な反応です。取り乱したり、荒れたりすることもあるけれど、できるだけ素早く元の平穏な状態に戻ることができるのが、平常心を保てているということです。

決して、無反応になるわけでも、どんなことをされても怒らないというわけでもありません。

仮に何が起きても動じない人、何が起きても感情の起伏がない人がいるとすれば、ポーカーフェイスを決め込んでいるか、起きた出来事に対して関心がないか、極度に鈍感か、物事に対して絶望している人なのかもしれません。

絶望している人であれば、何をしてもどうせダメだと思っているから、どんな結果が出ても動じずにすむのです。

動揺したあとのリアクションは、人によってほぼパターンが決まっています。

イライラしやすい人や怒りやすい人は、期待が大きければ大きいほど、思い通りにいかないときの驚きが大きくなります。驚くだけに終わらず、「なんだよ！」「もう信じられない！」などと感情が大きく乱れます。

一方、平常心ができている人は、驚くのは一瞬で、すぐに「まあ、そうか、そんなもんか」「なるほどね、そうきましたか」と動揺を静かに収められて、普通の状態に戻ることができます。

つまり、思い通りにいかなかったことを受け入れることができるのです。すぐに次のことを考えるので、基本的にあとに引きずることもほぼありません。

人生はなるようにしかならない

そもそも、どんな出来事も、起きてしまったことに対しては、受け入れる以外にできることはありません。大きな自然災害や事件、事故など、どんなに受け入れがたくて許しがたいことでも、できることは受け入れることだけ。

なぜなら、起きたことは変えられないからです。

もちろん、納得できなくて当然です。受け入れるしかないと言われても、到底受け入れられない氣持ちもわかります。

しかし、どれだけ思い悩んでも何もすることができないのも事実です。それどころか、起きた出来事に対して、これは自分が関与できるものか、できないものかどうかを明確に分けて見ないと、感情が乱れた状態が長引き、自分を苦しめ続ける可能性があります。

出勤途中に電車が止まっても、何かの事故に巻き込まれて怪我をしても、自分では電車を動かすことも、怪我をする前の状態に戻ることもできません。上司の機嫌が悪くても、自分が直接関与できることはありません。

起きる出来事は、いわば「天」が決めていることです。もちろん常に安全第一で、穏やかに暮らせるようにと願うことは、健全な欲求です。

ただそれが実現するかどうかは、神のみぞ知ることです。

自分の望みを叶えるために努力したり、確率を上げたりすることはできますが、結果はコントロールできないのです。

出来事の本質というのは、「なるべきことが、なるタイミングで、なる」ということです。言ってしまえば「なるようにしかならない」のが人生なのです。

怒りはただの反応。心は空模様と同じ

人の心というのは、空に似ています。

「空模様」という言葉があるのと同じように、「心模様」という言葉があります。

人の心も空模様と同じように、常に移ろいゆくもの。「晴天が続け！」とどれだけ

願っていても、雨や雪の日もあれば、嵐の日だってあります。それに、天氣に対してどれだけ不満や怒りを持っていても、それを変えることはできません。

人間の心もそれと同じです。

楽しいこと、嬉しいことばかりが続くわけではなく、辛いこと悲しいことが日々起こり、それに対する反応として心模様が表れるのです。

大事なのは、思い通りに止めたり、コントロールしようとしないこと。

コントロールできるのは、湧き上がる感情が発生したあとの受け止め方だけです。心の動きの大半は、意識によって捉えることのできない無意識が占めています。**意識的にできるのは、受け止め方の工夫だけ**なのです。

実際に「平常心の作り方」をご紹介していく前に、前提となる「自力」と「他力」についてお伝えしておく必要があります。まずはそこからご紹介していきます。

「自力」と「他力」の違いを理解すると、平常心は作られる

「自力と他力」という言葉をご存じでしょうか。

自分が関与できることを「自力」といいます。
自分には関与できないことを「他力」といいます。

平常心を作る上では、自力と他力の違いを明確にすることが大切です。これを知っておくだけでも、感情はコントロールしやすくなります。

「影響の輪と関心の輪」と呼ばれるものがあります。これは世界的なベストセラーである『7つの習慣』（キングベアー出版）の著者スティーブン・R・コヴィー氏が提唱した考え方です。

これは、実は自力と他力についての関係を正しく説明したものになっています。

まず、自分を中心にして影響の輪があります。その影響の輪の外側に広がるのが関

心の輪です。関心の輪の中に、影響の輪があると考えたほうがいいかもしれません。

いうなれば、自力の輪と他力の輪です。

その他力のまわりには、無関心の輪が広がっています。

ここでいう「関心が他力」であり、「影響が自力」です。

自分が何かに関心を持っていたり、氣になっていたり、囚われていていても、自分が関与できるのは影響の輪の中にあることだけ。それが自力です。

たとえば、好きな芸能人の噂話や関心があるニュース、自分が投稿したSNSに対する反応などに対しては、どんなに関心があっても、直接関与することはできません。

ちなみに、関心の輪と訳された言葉「Circle of Concern」は、自分が興味を持っていることだけでなく、氣になっていること、心配事なども含まれています。認知していることというニュアンスで捉えてもらえばいいでしょう。

「自力の輪」と「他力の輪」

自力＝自分が関与できること
他力＝自分には関与できないこと

大事なのは「他力」に振り回されないで、
自力に集中すること

無関心な分野で何か事件が起きても、そもそも関心がないため大して動揺しません。動揺するのは、関心がある分野のことで何か起きたとき。大ファンのあのグループが解散するなんてショック！　あの政治家の失言は常識外れにもほどがある！　最近、SNSの反応が悪いからフォロワーが減るんじゃないか心配、など。

でも、関心がある人物や出来事のほとんどは他力の輪の中にあるので、自力は及びません。

どんなに、どうにかしたいと思っても、どうにもなりません。他力の輪の中にあることを、どうにかしようとするのが「悩み」です。

悩んだときは、ここまでは自力の範囲だけど、ここから先は他力の範囲なのでどうすることもできない、いつまでも悩んでいてもしょうがないと割り切ることも必要です。

このように自力と他力に分けて捉える考え方を覚えておくと、ある出来事や問題、トラブルを抱えたときに、悩むことが減っていくのです。

本書を読み進めていく上でも、大事な考え方になりますので、これは押さえておいてください。

自力に集中するワーク

なかなか解決できない悩みやイライラさせられる問題があるなら、実際に「自力」を書き出してみるワークがオススメです。

紙に書き出すと、自力が及ぶ範囲と、他力の範囲の境界線が明確化されます。悩みというのは、自力と他力に分けると、案外スッキリ見えてきます。

先ほどもお伝えした通り、

自力というのは、今の自分ができること、変えられること

他力というのは、今の自分にはどうにもならないこと

です。

大事なのは、悩みや不安なことに対して、何が他力で、何が自力かを整理することです。

本来、悩みや不安に対してすべきなのは、どうしたいのかを考え、今現在そのためにできること「自力」を尽くすことだけ。

しかし、なかなかそれがうまくいきません。抱えている悩みや不安、問題は、自力と他力にまたがって存在し、混ざり合っているからです。

そこで、自力に集中するためのワークをご紹介します。

悩み・不安に振り回されず自力に集中するワーク

①ノートとペンを用意する
②左ページを二分割します。左側に今抱えている悩みを書き出す
③「どうなりたいか、どうしたいか」を左ページの右側に書き出す
④右ページに、「今そのために自分ができること」（自力）を書き出す

このワークをやってみるとわかりますが、自力「自分がそのためにできること」だ

悩み・不安に振り回されずに自力に集中するワーク

①ノートとペンを用意する

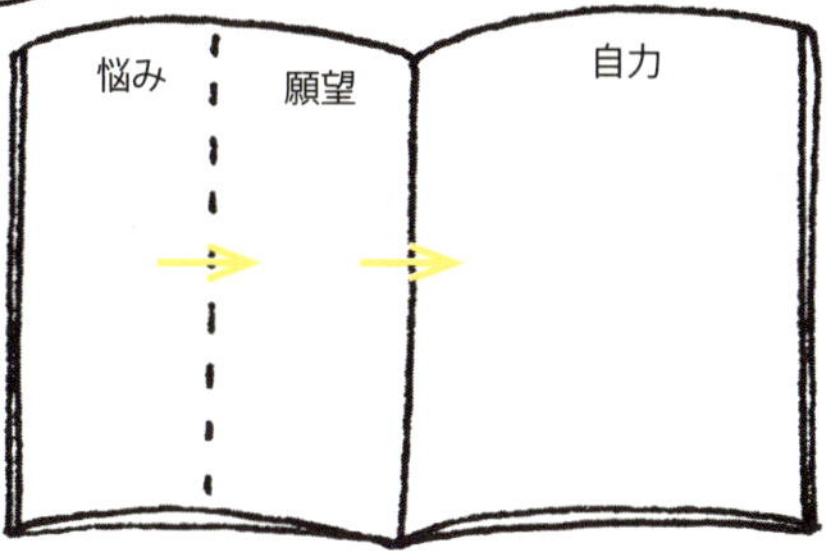

②左ページを二分割します。左側に今抱えている「悩み」を書き出す

③左ページの右側に「どうなりたいか、どうしたいか」（願望）を書き出す

④右ページに、「今そのためにできること」（自力）を書き出す

他力にまどわされず、自力に集中できる

けが抽出されます。

そもそも、仕事の問題、お金の問題、人間関係の問題であったとしても、それらはどうなりたいか、どうしたいのかを明確にした上で、自力を尽くすことしかできません。

多くの場合、**悩みや不安、心配事といったものは、ほとんどが他力（自分には関与できないこと）です。**

このワークを実践することで、今自分にできる自力が洗い出されるため、他力が氣にならなくなり、自然と自力に集中することができるようになります。

日頃から自力と他力を意識する

先ほどは、ワークとして自力と他力についてご紹介しましたが、ワークをしない場合も普段から何が自力で、何が他力なのかを意識して生活してみてください。

その境界線をはっきりさせておけば、自分の力の及ばない事柄に関しては、手放していけるようになります。

自力と他力の境界線が曖昧な人は、他人にコントロールされやすく、意に反することを押しつけられがちです。行きたくもない誘いに嫌々行く羽目になったり、頼まれると断れなくなったりします。

他人の言いなりになるのは、「自分の意に反することを許している」状態です。

また、仕事以外で他人に命令したり、すぐに怒って言うことを聞かせようとしたりして、いつもイライラしている人も、自力と他力をまず理解していません。

自分が関与できる範囲を正しく理解せず、自分の力の及ぶ範囲を超えて、人を動かそうとすると、そこに不和が生まれます。

自分ひとりで完結できること以外、仕事でも恋愛、結婚、家族でも、なんでも他力の範囲が存在します。

簡単にいえば、どうにもならないことをどうにかしようとしているので、イライラしたり不安になったりするのです。

自力の及ぶ範囲を意識して、くれぐれも他力への越権行為はしないように注意します。また、越権行為をしてこようとする人がいたら、きちんと拒否しましょう。

自力でどうにもならない他力の範囲について、あれこれ悩むことほど、時間と心の無駄遣いはありません。

どうにもならないことは天に委ね、自分でなんとかなる自力に全力を尽くす。

これが、最善の結果を生み出します。

自力を尽くすと、影響力の範囲が広がる

恨んでいる相手に「不幸になれ」と念じるのも、自力が及ばない他力の範囲をどうにかしようとしていることなので、時間と心の無駄遣いです。

相手が不幸に見舞われることがあっても、ただの偶然。

不幸になった相手が「下」に下がり、あたかも自分が「上」に上がり幸せになったように感じたりするのは、それは大きな勘違い。氣のせいです。

相手が不幸になった（ように見えた）としても、自分はなんにも変わっておらず、幸せになんかなっていません。

幸せは、自分が幸せを感じられるような受け止め方を身につけることでしか、手に入りません。そして、自分ができる行動を愚直にやり続けていると、自力の輪（影響の輪）は少しずつ大きくなっていくのです。

たとえば、あなたがお金持ちになりたいと思ったとします。

お金持ちになりたい、という思いは関心であり、他力です。ですから、当然ですが関心を持つだけではお金持ちになりません。

お金持ちになるためにはそのための行動を起こす、自力が必要です。その行動こそが現実を変える力ですが、多くの人は関心を持つこと、またはそれを叶える方法を知っただけで満足して、あまり行動に移さないように思います。

お金持ちになりたいと思ったら、今やっている収入の仕組みの改革に着手する。たとえば、仕事の量を増やす、ビジネスをしているなら顧客単価を上げる、新しいビジネスを始める、資産運用を始める……など、今自分のできることを淡々とやることでしか、お金持ちにはなれません。

「料理上手になりたい」と思うのも同じ。自炊を心がけたり、料理教室に通ったりするなど、料理の腕を上げるための行動をしないと、いつまで経っても料理上手にはなれませんよね。

こうして、自力を尽くすと現実への影響力の範囲が広がって、こうなりたいと思う関心事を実現する力が増していきます。

そして、**自力を尽くして結果に結びつけるほど、影響力を持てる範囲はさらに広がっていきます。**なぜなら、結果を出していくとまわりの人が応援してくれたり、味方になってくれたり、自力を発揮しやすくなるからです。

逆に、自力を尽くさずに、関心を持つだけで終えてしまうと、自力の範囲は少しずつ小さくなり、他力の範囲が広がってしまいます。まわりの人からも、口だけで結果を出さない人と見られやすくなってしまいます。

自力に集中していると、他力に関することが氣にならない

自力と他力の境界線がはっきりしていて、自力を尽くすことができるようになると、自力が及ばない他力のことに興味がなくなります。つまり、どうにもならないことは手放せるようになり、時間と心の無駄遣いをしなくなるのです。

そのため悩みや迷いが生じにくく、やりたいことがあればサッと始められ、やりた

くないことや、やめたいことはあっさり終わりにできるようになります。

いわば、自分をマネジメントできている状態です。

逆に、やりたいと思いながら重い腰がなかなか上がらない、もしくは、やめたいと思いながら、ズルズル続けてしまう、ということがあったら、一度立ち止まる必要があります。

まずは、自力と他力の境界線が曖昧になっていないか、把握し直しましょう。


自分をマネジメントする力を高めるコツは、「こうしよう、と自分で決めたことは、決めた通りに実行する」ことです。


今日やると決めたことは必ずやる。やらないと決めたことは絶対やらない。

そうして自分が決めたことをやると、自信がつき、自信がつくと自力の範囲が広がります。

もっとも、無謀すぎることをやろうと決めるのはNGです。ずっとできないままになって、いつまでも達成できないからです。あくまでも、自力の可能性の範囲のことで、できることに限定してください。

たとえば、5キロ減量したい場合。

夕飯の主食の量を半分にする、出勤時に1駅分歩くなど、少し頑張れば続けてできることをやると決めて、淡々と続けるだけです。

このとき、1カ月で5キロなどと、期間を無理に区切ってはいけません。いつまでに痩せるか、という結果は他力の範囲なので、自力は及ばないかもしれないからです。

5キロ減量するには、

食事量を減らして運動する
←
体重が減る
←
淡々と続ける
←
結果、5キロ減った

という流れをたどります。

この変化の過程に要する期間そのものは、自力でどうにもできないことなのです。目安を決めるのはＯＫですが、うっかり期間を厳しく区切ると焦りが生まれ、余裕がなくなります。思った通りに体重が減らないと、イライラしたり、失望したりして途中で諦めたりする可能性が出てきます。

ここまでは、平常心について、特に「感情に振り回されてしまう原因」と、「自力と他力」について解説してきました。

次の章からは、より実践的な内容をお伝えしていきます。

まずは、心の枠を広げる受け止め方についてです。難しいものではありませんので、ぜひ実践してください。

第2章

感情の器を広げる「受け止め方」の技術

感情をコントロールする「心の枠」の秘密

ここから、感情に振り回されないための受け止め方をお伝えしていきます。

第1章では、「感情は反応にすぎない」とお伝えしました。

部下がミスをしたり、子どもがやったことに対して、イライラした場合、2つのパターンが考えられます。


ひとつは、何かしらの感情的反応が生まれるパターン。

もうひとつは、感情的な反応が生まれないパターンです。


わかりやすくいえば、驚きの反応が出る場合と、驚きの反応が出ない場合。

この違いは何でしょうか。

それは受容の器の大きさです。「心の枠」と考えるとわかりやすくなります。

水面の上に、丸い円が浮かんでいる状態をイメージしてみてください。

その中に一滴の水を落としたとします。この一滴の水が出来事。水滴が落ちてできた波紋が感情の反応です。その円の中で収まる波紋と、その円を超えて広がる波紋があります。

その円の中で収まったときは、大きな反応が生まれません。

円を超えて波紋が広がったとき、何かしらの感情的反応が表れる。

そんなイメージです。


この丸い円は、心の予想範囲のようなものです。

わかりやすくいえば、円の中が想定内。円の外側が想定外です。


人には、これまで生きてきた中での常識や自分ルールの中で作った予測や期待があります。ある出来事がその予測や期待の範囲に収まっている限りは、感情が乱れることはありません。あらかじめ予測していた想定内だからです。

感情が乱れるのは、自分の予想や期待、経験の外側のことが起こったときです。

「心の枠」とは？

心の枠とは、受容の器の大きさであり、
心の予想範囲のようなもの。
円の内側が想定内、外側が想定外。

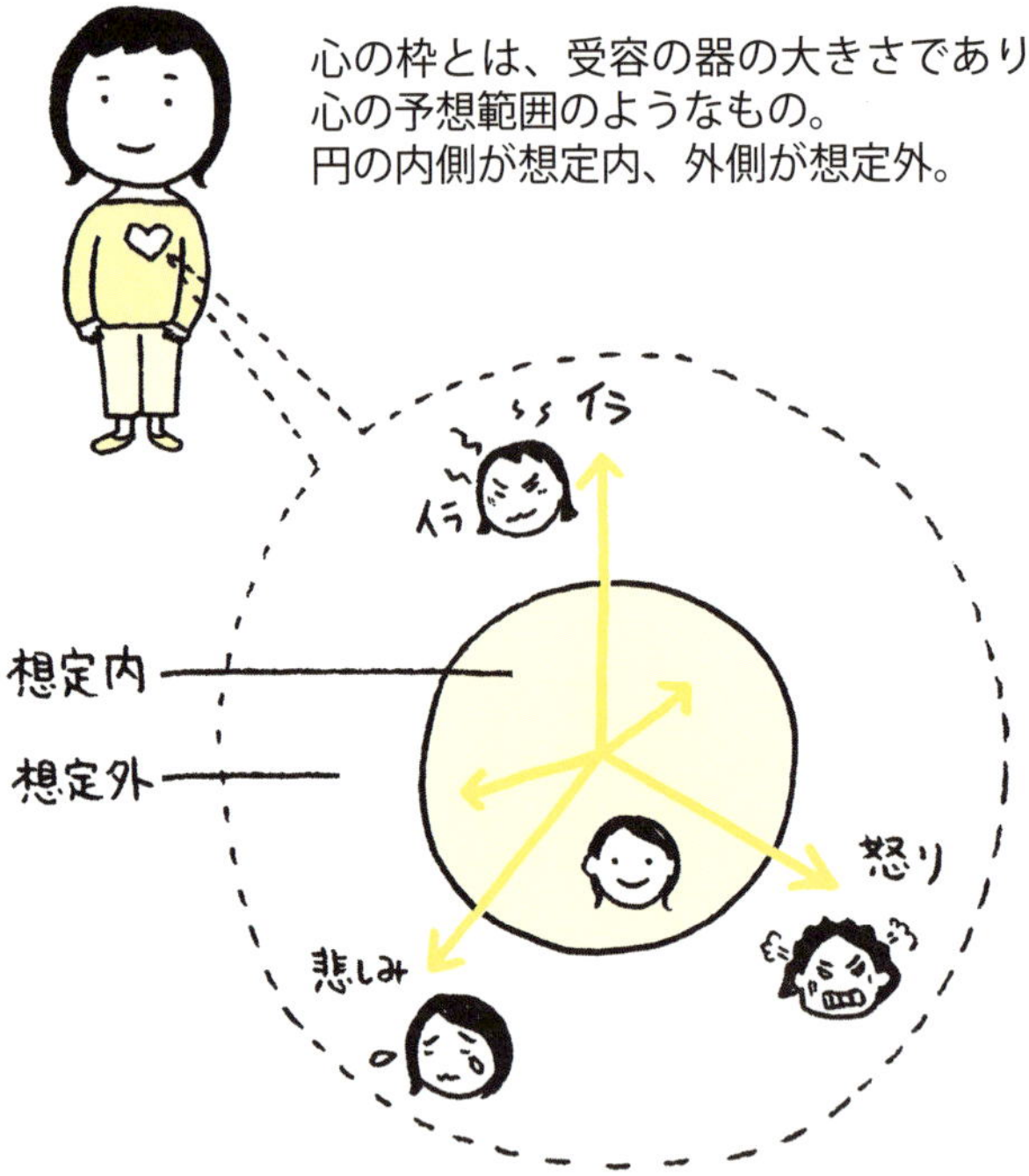

心の枠（想定）からはみ出たものが
感情の反応として表れる

想定内が大きい人ほど感情に振り回されない

「～になると思っていたのに、ならなかった」
「何度も片づけをちゃんとするように言ったのに、しなかった」
「せっかくアドバイスしてあげたのに、言った通りにやらなかった」

こういった自分の予測や期待ではない結果になると、怒り、失望、悲しみなどの反応が表れます。

もちろん、よい意味で期待や予測を裏切られたという場合もあるかと思います。その場合は、喜びや楽しさ、感謝などの感情が表れます。

平常心を掻き乱すスイッチ

この心の枠のサイズが、あなたの許容範囲であり、器の大きさです。
ただし、単純に許容範囲を広げましょう、という話ではありません。
この心の枠のサイズは「あなた自身の信じていること」が大きくかかわっています。
誰にでも、生きる上で大切にしている考えがあります。

それらは別の言い方をすれば、信念です。

「こうである」「これが正しい」「〜でなければならない」と感じている信念が、枠のサイズを決めています。

信念が自分の中の常識を作り、それから外れたものに驚きや怒りを覚えるのです。

ここに平常心を掻き乱すスイッチがあります。

自分の信念からはみ出すことが起こると、感情のスイッチが作動します。想定外がポジティブな方向に振れた場合は喜びや楽しさになり、ネガティブな方向に振れれば怒りや悲しみになります。

逆に、はみ出ることがなければ想定内ですから、感情のスイッチは作動しません。

大事なのは、自分の「心の枠」を広げることと、自分が何を大切にしているかを捉えること。

寛容な心を持つというと抽象的で対策が難しいのですが、自分が何を大切にしているかがわかれば、感情のスイッチに振り回されない方法が見えてきます。

「自分は何をされると感情が動くか」というデータを取る

たとえば、同じミスを繰り返す部下がいるとします。

部下が1回ミスをしたときは、大目に見た。でも、それが続けて2回目になると、「えっ！　また⁉」という驚きの反応とともに、違和感を覚えるでしょう。それが3回目になったら、「いい加減にして！」と思わず声を荒げるかもしれません。

ここからわかるのは、1回目は想定内だったけど、2回目、3回目は想定外だったということ。自分の経験としてそのデータが取れると、自分の感情のスイッチの仕組みが見えてきます。

「自分は同じミスは2回目まで我慢できるけど、3回繰り返されると許せない」と氣づくことができます。

そのとき、

「自分はもっと寛容だと思っていたのに、許せるのは2回までなんだ」

と思う人もいれば、

「自分はもっと短氣だと思っていたけど、2回までは我慢できるんだな」

と思う人もいるでしょう。

いずれにしても、**感情は、自分の本当の「器」を教えてくれます。**

思いがけず怒りや悲しみが芽生えたとき、感情的になるのではなく、

「こういうことをされると、私は怒るんだ」

「こういうことをされると、怒りよりも悲しみを覚えるんだ」


と、感情に巻き込まれずに自分の反応を見てください。

俯瞰《ふかん》的に自分の反応を捉えることで、氣づきが生まれます。これまでただ感情に流されるだけだったのを意識的に扱えるようになると、心の枠が広がります。

わかりやすくいえば、想定内の範囲が広がっていくのです。

自分の反応をデータとして取っているため、自分自身の変化にも氣づけるようになります。

これが、上手な感情の取り扱い方です。

感情が表に出ることは、本当の自分を知るチャンスでもあります。

自分を俯瞰して、まるで自分の心と体を使って人体実験をしているような感覚になること。

怒りや悲しみなどのネガティブな感情であっても、「自分を知る手立て」に変えると、スーッと氣持ちは収まります。

そして、その氣づきは確実に自分をより生きやすくし、自分を守るすべにもなるのです。

その思い込みが、怒りを生み出す

人は、信じていることや大事にしていることが同じ、または近い人ほど親近感を覚えます。

ところが、好きになった相手の予想外の一面を見た途端に、「こんな人だとは思ってなかった！」とショックを受けて、相手のことをすごく嫌いになったりもします。

当たり前ですが、相手は一切裏切ってなどいません。

相手のことを勝手に「こういう人」「こうしてくれるだろう」と思い込み、その思い込み通りではなかっただけ。それなのに、「相手に裏切られて傷つけられた！」と怒ったりするのです。

相手が自分を傷つけたわけではなく、自分が勝手にこうだと思い込んでいたことで、自分を傷つけているだけなのです。

この「思い込み」こそが、怒りや失望を生み出します。

そもそも、なんの思い込みもなかったら、何も傷つかない。でも残念ながら、思い込みのない人はこの世にはいません。

大事なのは「思い込み」で固定しないこと

怒らない習慣を身につけるために大事なのは、「思い込み」を固定しないことです。どうするかというと、「多角的な見方」を見つけるクセをつけるのです。

何かに傷つくことがあったら、「これは自分の勝手な思い込みによるものではないか」と見極める目を持つのです。

特に警戒心が強い人は、思い込みの固定が強い傾向にあります。

たとえば、「この人はさっきから笑顔で話しているけど、嘘をついているのでは？」と疑念や警戒心を覚えたりします。

こういった疑念や警戒心は、目の前の現実ではなく、自分の頭の中に描いたイメージに影響を受けています。

目の前の相手の笑顔ではなく、自分の中で想像したイメージで「この人は嘘をついているに違いない」「きっと裏があるはずだ」と思ってしまう。まさに思い込みです。

この疑いや警戒心を解くカギは、見込み通りでなくても大丈夫な自分を作っておくことです。

「相手が裏切っても大丈夫。しょうがないよね」
「そのときは、そのときで考えよう」

という前提を持っていれば、はじめから相手とオープンに接することができます。

「裏切られても大丈夫なんて無理だ」「それができれば苦労しないよ」と思うかもしれません。

それでも、**よい人間関係を築くためには、人は裏切るときもあるけど、裏切られたら事故に遭ったと思って受け入れたり、笑い飛ばしたりする**ことです。

別の言い方をすれば、「心を開いて、好意を持って接する」。それでＯＫ。よく性善説、性悪説という言い方をしますが、性善説に立って人とフラットに接すれば、より多くの人間関係はうまくいきます。

性悪説的に人とコミュニケーションをすれば、相手に対して疑念や警戒を持って接することになります。それだけでなく、相手の意図を先読みしすぎたり、相手の行為を悪意や裏があるように想像したりすることになるのです。

人を好意的に見ることは、警戒心からの不要な摩擦を減らすことにつながります。最初は難しく感じても大丈夫。少しずつ警戒心が緩んでいき、思い込みなくフラットに人と接することができるようになるはずです。

もし途中で、この人はいい加減で信用できないな、と思ったら、その時点で開いていた心を徐々に閉じればいいのです。

「あり得ない」は、あり得ない

何事においても「こうあるべき」という思いが強い人がいます。

ある意味、完璧主義的で、人の失敗や間違い、想定外が許せない人です。そういう人は、怒りっぽい傾向にあります。


そういう人に多く見られる口グセは「あり得ない！」です。

「あんな簡単なことができないなんて、あり得ない」

「こんなことが起こるなんて、あり得ない」

といった具合に、自分が予想していたこと以外が起こると、感情が振り切れ、怒りが湧いてきます。


そもそも、完璧というのは、もっとも起こり得ない状態です。

そのもっとも起こり得ない状態以外、全部ダメというのが完璧主義ですから、見るもの聞くもののほとんどすべてに、ケチをつけずにはいられなくなってしまいます。

完璧主義の人の問題点は、減点主義であること。

一方、心を穏やかにして感情に振り回されない人は、加点主義です。

自分が見ている世界をどちらにするかで、平常心を作れるかどうかが決まります。

わかりやすくいえば、人のいいところを探すようにすること。それが平常心を作るコツ。

たとえば、職場を見渡しても、人のいいところを見る人は、みんなよく働いていることに氣づけます。しかし、完璧主義の人はサボっている人がいないか見張ります。

ライフセーバーのように困っている人がいないか見守るのはいいのですが、取り締まるように見張るのは、他人がすることへの干渉につながります。

そこにあるのは「他人も完璧にコントロールしたい」という思いです。

しかし、他人をコントロールすることは、そもそも不可能です。

私がいつも口酸っぱく言っている言葉があります。

「人は人、我は我」

つまり、あなたのことは自分で動かせる。けれど、他人がどう思い、感じ、どのような言動をするかは、あなたにはコントロールできない、ということ。この当たり前のことが理解できない人が案外多いのです。

自分が関与できないことや、どうにもできないことを「どうにかしよう」として、自分を苦しめているのです。

もし、「自分には完璧主義っぽいところがあるかも」と感じる人は、「こうあるべき」という考え方を緩めましょう。

やり方は色々ありますが、オススメは許すことです。

もう少し具体的に言えば、「すべてのことが起こり得ること」と考えること。また、

「想定外＝面白いことが起こった」

と考えるようにすることです。

最初に言いましたが、「あり得ないこと自体あり得ない」のです。人が望むこと、想像することから外れてしまうことなんていくらでもあります。あらゆることが起こり得ることなのです。

地震が起こったり、突然大病にかかったりします。うまくいかないこと、思い通り人が動いてくれないことだって当たり前。人の死だってあり得るのです。森羅万象においてあり得ないなんてあり得ない。

だから「こうあるべき」で考えるのではなく「なんでもあり」と考え方の前提を変える。起こり得ることに、許しを与えるのです。

どんな出来事であっても許し、受け入れる。その上であなたがどうするかです。

出来事そのものに善悪はありません。出来事をいい悪いで捉えるのではなく、それを受けてあなたがどうするか以外に、あなたには選択権がありません。

自分を過信する人ほど、感情に振り回される

私が怒らない習慣をクライアントさんに提案していると、怒っている自分を責める人が出てきます。

「この程度のことで、怒るなんて……」

「怒らないと決めたのに、また怒ってしまった……」

そうやって自分を責め、「怒っている自分に怒りを覚える」という悪循環になります。こうなると、自分を責めることが無意識のクセになり、そこから抜け出しにくくなります。

私が平常心の作り方をお伝えするときは、「感情的になる自分を責めるのではなく、感情を受け止め、認めてあげてください」とお伝えしています。

怒っている自分を受け入れられるようになると、徐々に自分の感情の器が大きくな

り、自然と怒らない自分になることができます。

では、なぜ怒ってしまう自分を受け入れられないのか？

ここにも「思い込み」の罠があります。

何の思い込みかといえば、「一度決めたことは完璧にできる」という思い込み。怒らないと決めて、また怒ってしまったとき、自分を責めたり、失望したりする人は、「もう怒らないことができる」と思い込んでいるのです。

そんな馬鹿な話はありません。

人は一度心に決めただけで、簡単に変われるものではないのです。人の心は、すぐには変わらず、少しずつしか変化していきません。

たとえば、人からある仕事を頼まれたけど、やったことのない仕事であれば、うまくできなくて当然です。それなのに、「うまくできない……」と凹んで、自分を責めているようなもの。

いやいや、初めてだったらうまくできません。

凹んでしまった本当の原因は、うまくできなかったことではなく、無意識に「自分はできる」と信じていたことです。それができなかったから、傷ついているのです。

自分の価値を成功・失敗と結びつけない

できなかったり失敗したときに、自分を責めたり、自己価値が低いと決めつけたりする人がいますが、それは大きな間違いです。

自己価値や自尊心は、何かができる・できない、成功・失敗、などの結果とは無関係。自分の存在そのものにあるのです。勝ち負けや成功・失敗、手にしている結果とも無関係なので、そこを絶対に関係づけないようにしていくこと。

自己価値の評価においては、何らかの比較対象と比べる「相対評価」ではなく、比較対象のない「絶対評価」を採用していきます。

自己価値や自尊心は何事とも関係づけないことによって、価値を感じることができるのです。

仮に、誰かからひどい扱いを受けたことがあったとしても、自分で自分を尊くて大切な存在として扱うことを決してやめてはいけません。

周囲の人は「あなたがあなたをどう扱うのか」を真似して、同じように扱うようになってしまうからです。

何をするにしても、数多く失敗することはあらかじめ予定されているものです。なぜなら、人は忘れる生き物で、何度も繰り返していることでもミスはするからです。そういう生き物なのに、どうして自分だけはできると勘違いしているの⁉　という話です。


そして、失敗やトラブルが起こったら、自分の言動を振り返りましょう。

なぜ問題が起きたのか、どんな出来事だったのかということ以上に大事なのは、あなた自身がそれを受けて、

「何を思い」

「何を言葉にし」

「どういった行動をとったか」

なのです。

振り返りの数だけ、人生の質が上がる

振り返りと工夫こそが、人生の質を改善し、物事の熟練度を上げていきます。「このやり方ではうまくいかなかった」ということは、データが手に入ること。別のやり方をすればまだ可能性はある、という大きな発見が生まれたりします。

「あらゆる手を尽くしたけど八方塞がりだ」

という状況でさえ、まだ天と地（上と下）の方向がある、という発見ができるかです。振り返りは、成功・失敗を問わず重要です。成功したときよりも、失敗したときのほうが多くの発見を得られます。

成功は大きな前進で、失敗は小さな前進。失敗は後退ではないのです。

にもかかわらず、失敗したことを振り返らず、ただただ「自分はダメな人間だ」と自分を責め続ける人もいます。

そういう人は、実は、物事と向き合う真剣さが足りないのかもしれません。

自分を責めている暇があるなら、どうすればよかったのかを考えてみる。結果はどうにも変えられませんが、これからの行動は変えることができます。

結果に一喜一憂するのではなく、自分の行いを見つめ、ただ自分の行動を変化させていきましょう。

いつでも正しいのは自分ではなく、手にした結果だけだということを忘れずに。

感情と自分を切り離して考える

感情の受け止め方で大事なのは、「感情と自分は別物」とすることです。

感情は、自分の中から湧き上がるものですが、自分そのものではありません。起きた出来事に対して、自動的に生まれる反応が感情です。

つまり、本来別々のものですが、感情コントロールができない人は、その感情と自分は別々のもの、と考えることができなくなっています。

「感情＝自分」と思っていると、怒りや悲しみなどの強い感情が芽生えた場合、振り回されたり、飲み込まれたりして、自分を見失いやすくなります。

その状態は、海で荒波に飲み込まれたときをイメージすると、理解がしやすいかもしれません。

波に飲み込まれて溺れかけたとしても、誰も、「波＝自分」だとは思いませんよね。波は海であり、その波に飲み込まれているのは自分。

では、波を感情だと考えてみてください。

当然、自分は波（感情）そのものではなく、波を体験しているのが自分です。

実際の波に飲み込まれたときも、もがいて抵抗するほど溺れやすくなります。同じように、怒りや悲しみなどの強い感情が芽生えたときも、無理に抑えようとして否定するほど長引きます。

落ち着きを取り戻すカギは、感情と自分を切り分けること。言ってしまえば、怒っているときに、それを客観的に見ることです。

「今、自分はすごく怒っているな」
「めちゃくちゃ悲しくて、今、泣いているな」

これを仏教では止観《しかん》といったりします。文字通り「止めて見る」のです。

湧き上がった怒りを大波に見立てて客観的に見つめることで、感情をコントロールしやすくなります。

親やパートナーなど、すごく大切な人を亡くした場合は、何年も落ち込むことがあると思います。

それは健全な感情の在り方で、悲しみを味わっている状態です。味わっていけない感情は何ひとつないので、悲しいときは、きちんと悲しんでください。泣きたいときは、涙が枯れるまで泣いてください。

味わう以外に、悲しみにも終わりは訪れません。

悲しい、寂しい、辛い、と味わい尽くせば必ず終わります。真逆の、楽しい、嬉しいという感情が一定期間を経て終わるのは、自然とその感情を味わい尽くしているからです。

「別に悲しくないもん！」

「寂しくないもん！」

などと自分の感情に嘘をついたり、強がったり、無視したりすると逆に長引きます。

無視しようとも、実際にその感情が出てきているわけですから。

悲しみを受け止めることはとても辛いことですが、真正面から向き合うことが回復への一番の近道です。

できるだけ早く回復したいという氣持ちもわかりますが、無理やり早く変えたものは、早く戻ってしまいます。

意識のフォーカスを変えれば、感情は自由自在

平常心を作る技術に「意識のフォーカス（焦点）」のマネジメントがあります。

焦点を変えることで、自分の感情をよい状態に整えることができます。

多くの人が意識のフォーカスを切り替えられることを知らないばかりか、自分が何にフォーカスしているのかさえわかっていません。

たとえば、仕事での怒りが帰宅しても忘れられないなど、誰にでも経験があるはずです。

「あの上司さえいなければ、よい職場なのに……」

「もう一度チェックしていればミスに氣づけたのに、なんでしなかったんだ！」

思い返しては怒りがぶり返し、再び怒りに飲み込まれることもあるでしょう。それ

ほどの怒りだったから仕方ない、と考えるかもしれませんが、ずっと同じ人物や出来事にフォーカスしているのは、ほかならぬ自分です。

いつまでも、自分がそのことを意識し続けているから、同じ怒りがぶり返してしまうのです。

簡単に忘れることはできないといっても、もし目の前に100万円を差し出されて、全額あげるから好きなことに使っていいよ、と言われたらどうでしょう?

目の色が変わらない人はいませんよね。

忘れられないはずの怒りをあっさり忘れて、何に使おうかなぁ、とほしいものやしたいことを思い浮かべるに違いありません。

これが意識のフォーカスの切り替えです。

意識を瞬時に切り替えることは、自分ひとりでもできます。

ずっとほしかったものを買う、大好きなスイーツの食べ放題に行く、憧れの高級旅館に泊まるなど、いわゆる「自分へのご褒美」的なことをすることです。

いつもしているようなことでは、意識を瞬時に切り替えるにはインパクトが足りません。できる範囲で、インパクトが大きいことをあらかじめ用意しておくといいでしょう。

大好きな人・大事な人を思い出してみる

これは怒り以外の感情においても使えます。

たとえば、徹夜して書類を作り直していたり、顧客のクレーム処理に追われたりしている最中でも、「これを乗り越えたら、絶対自分にご褒美をあげる」と思えば、意識のフォーカスがご褒美に向いて、苦境を乗り越えやすくなります。

自分へのご褒美が思い浮かばない人は、自分にとって一番大事な家族や大好きなパートナーなど、その人たちに意識のフォーカスを向けるようにしてみてください。

もしくは今まで自分を支えてくれた仲間やお世話になった人でもいいでしょう。

その人たちのために頑張ろう、と思えて力が湧いてきます。

自分のしたいことや、一番大事にしていることに意識を向けることで、今のこの苦しみにも終わりがあることに氣づけるからです。

大変な状況に見舞われている最中は、この苦しみには終わりがなくて、延々と続くように思いがちですが、そんなことは絶対にありません。

大切な人の死は乗り越えるのに時間がかかりますが、それ以外のことについては意識のフォーカスを変えるのは難しくありません。完全に自分次第です。

失恋のショックも、新たに好きな人ができたら癒えるもの。前の人のことなんか、コロッと忘れるものですよね（笑）。

くれぐれも、前の人を忘れようと必死にならないように。

忘れようと必死になることは、意識のフォーカスが前の人に向いたままになり、相手のことを思い出そうとするのと同じになってしまうからです。

上手に氣分転換をし、新しい恋に自然と氣持ちが向くようにしましょう。

「心の弱さを受け入れると強くなる」の法則

初めて体験する出来事や、予想外のことが起きたとき、驚いて感情が乱れること自体は、とても自然なことです。

そのあとにどう対処するのか、ということが肝心であって、一時的に動揺することまでも「心が弱いせい」などと決して思わないでください。

そもそも、心が弱いことはダメなことでもなんでもありません。

「心の弱さを受け入れると、心は強くなっていく」という真逆の法則があります。

かつて、私は大勢の人前で話すとき、とても緊張していました。ビビリで人見知りでしたので、仕方ありません。

それを一体、どうやって克服したのか。

まず、人一倍強くなろうとは思わず、弱いままでいいや、と思いました。自分の心の小ささを嘆かずに、本当に小さいなぁ、と笑って受け入れました。

人は怖いときには怯えて身構えるもので、困ったときは助けを求め、悲しければ泣きます。そういう生き物だということを受け入れると、開き直ることができて、強さが芽生えます。

いわゆる「ハートが強そうに見える人」や、「心臓に毛が生えていそうな人」でも、既に自分の心の弱さを受け入れて、開き直っているから堂々としていられる場合が多いのです。

逆に、心の弱さを受け入れられないと、いつまでも自分の心は弱い弱いと、弱いことを過剰に意識し、隠そうとしてしまうため、堂々とすることはできません。

また、心の弱さを受け入れられると、だんだん自分の心のクセというものがわかってきます。すると、

「怒られると、こういう感情が芽生えやすいな」
「遅刻しそうになると、ビビるんだな」

と氣づけるようになります。

要するに意識化できるのです。心の働きはほとんどが無意識ですが、それを意識できると人は、それに対して対処しやすくなり、感情との付き合い方もうまくなれます。

誰だって、心が折れるときはあります。

そういうときは、無理して平静を装わず、振り返る時間にあてましょう。

そして、修正点・改善点に氣づいたら改善する。難しければ心に留めておくだけでOK。

振り返りの時間を設けることで、客観的になれ、心が折れた状態からの回復も早くなります。

「抱いてはいけない感情」はひとつもない

平常心についてお話しすると、

「感情が乱れてはいけない」
「怒りを覚えてはいけない」

などと、思う人がいますが、そうではありません。
抱いてはいけない感情などひとつもないのです。
平常心は何も、悟りすました聖人みたいな人になろうという話ではありません。
人の感情はただの反応である、と先に述べました。
感情は反応にすぎないので、本来コントロールしようがないものなのです。

しかし「どう受け止めるか」「外にどのように表現するか」は、コントロールができるということ。

ですから、怒りはもちろん、嫉妬であっても、芽生えた感情はきちんと受け止めてください。

誰かに妬《ねた》み嫉《そね》みを覚えるのは自然な感情です。それ自体が問題なのではなく、その感情から悪意を持って悪口や嫌がらせなど何かしら言動に移してしまうことが問題を起こすのです。

嫉妬はある意味、自分が憧れている形やスタイルを教えてくれているのです。

あの人ばかり評価されていいなぁ、羨ましい、という思いは、心の奥にある深層心理で、自分ばかり評価されたい状態になることを願っていることの表れ。

欲の本当のありかを、妬みや嫉妬が教えてくれているわけです。

嫉妬から平常心を作るワーク

平常心を作るための方法をもうひとつご紹介しましょう。

ノートとペンを用意してください。

次に、ノートを見開きで用意し、左ページに自分が嫉妬したことを書き出してみてください。

このときばかりは「私は嫉妬してなんかいない！」と思わず、遊びだと思って、フラットな感情で書いてみてください。

書き出したら少し眺めてみてください。

そして、右ページに、「本当はどうなりたかったのか、どうしたかったのか」を書いていきます。

これをすることで、自分の深層心理にあった欲求を見つけることができます。

嫉妬から平常心を作るワーク

①[左ページ]
嫉妬した出来事や、
起こった事実を書く

②[右ページ]
「本当はどうなりたかったのか、
どうしたかったのか」を書く

本当の感情に気づくとイライラは消える

深層心理で思っていることは、自分で即座に探ろうとしても掴みにくいものです。しかし、ノートに書くことで、実は簡単に捉えられるようになります。ノートでなくても、A3用紙やホワイトボードに書くのでもかまいません。

心は捉えようのないものですが、文字や絵にすることで、捉えられるようになります。だから、人に嫉妬やイライラを覚えたら、「深層心理を知るチャンス」だと考えノートに書いてみるのがオススメです。

そして、そこから自分が望む状態に近づく努力を始めればいいわけですね。

自分を「相対評価」するのをやめ、「絶対評価」にする

ITで成功した人を見て嫉妬して憧れたとしても、自分もITでの成功を願っているとは限りません。何かしらのビジネスで成功したい、という思いから嫉妬していた可能性もあります。

もし、「あの人ばかり評価されることが悔しい」「先を越された、負けた」という感情が強ければ、それは評価に囚われる価値観を持っているのかもしれません。

私たちは、学校や家庭で、何かと比較されて育っています。

「〇〇ちゃんはできたのに、どうしてあなたはできないの？」

「お兄ちゃんは足が速かったのに、兄弟でも違うのねぇ」など。

比較される機会が多かった人ほど、相手の評価が上がると、自分の評価が下がるように感じやすくなっています。

自分の評価が下がったわけではないのに、そう感じてしまうのは、自尊心と他人からの評価を天秤にかけているからです。

この考え方をしていると、心はよい状態になりにくくなります。

なぜなら、あなたではない人があなた以上に評価されたり、成功したりすることなんて当たり前にあるからです。

それに対して、自分の自尊心を結びつけることほど愚かなことはありません。

まわりの人がうまくいけばいくほど、自己評価が下がってしまうというようくわからない状態になってしまいます。

自分の価値は相対評価ではなく、絶対評価です。

まわりがどれだけうまくいっても、自分自身と比べる必要もないし、それで自分を評価すること自体やめましょう。

「あの人はすごいな」と感じるのはOKですが、「あの人はすごいな。それに比べて自分は……」と考えるのはNGなのです。

そもそも「やることなすこと、すべてうまくいっている」というように見えても、その人が陰ですごく努力していることや、苦労しているところは見えていないことがほとんどです。

大事なのは、人の成功だけではなく、どのような苦労があり、努力してきたかの両面を見ようとすることです。

結果・他人に期待するのをやめる

他人に期待しない——。

これも平常心を作るコツであり、怒らない習慣において大切なことです。

先にも述べましたが、怒る人、感情に振り回されてしまう人というのは、往々にして無自覚にまわりに期待しすぎていることが多いです。

「ビジネスマンであれば◯◯ぐらいするべき」

「これくらいやってくれるはず」

など。

他人の行動に対する期待は、言い換えると要求です。しかし、先にも述べましたが、他人のことをあなたがコントロールすることはできません。

にもかかわらず、相手が予想と違う行動をすると、勝手に裏切られたと感じ、怒ったり、イライラしたり、がっかりしたりするのです。

まわりに振り回されているのではなく、自分で勝手に振り回しているのです。

大事なのは他人に期待するのではなく、自分の期待を柔軟にすることです。

結果をコントロールしようとしない

思い通りにいくことと、思い通りにいかないことの両方に価値があります。


思い通りにいくことには、「楽しさ」「嬉しさ」などの短期的な感情価値があり、思い通りにいかないことには、どこを改善したらうまくいくようになるのか、という中長期的な学習価値があります。

意味も価値もない出来事や経験はひとつもありません。

あるのは、出来事や経験に対して意味も価値もない、と感じてしまう見方や価値判断だけです。

もし、世の中がすべての人の「思い通り」になったら、世界はメチャクチャになって成立しなくなります。自分が思う「思い通り」と、ほかの人が思う「思い通り」は常に違うのですから。

思い通りにいくときもあれば、いかないときもある、というのが世の成り立ち。自分だけの思い通りにいかせようとするのは、天や神に戦いを挑む無謀すぎる行為です。

もし、起きた結果に対して怒りが生じたら、「絶対うまくいく」という期待値が高すぎたせいかもしれません。

「成功したい」「仕事で結果を出したい」「意中の人を射止めたい」といった願いや祈りと期待は似て非なるもので、期待には自分の力では決められない結果をコントロールしたいという欲求が含まれます。

結果に対して怒りながら、「こんなの納得できない！」「この結果は認めない！」などと文句を言うのも、結果をコントロールしようとしていた証拠です。

結果は他力であり、天が決めることで、あなたが決めることではないのです。

予想はしないで、事実を見る

感情に振り回される人の多くが持つ特徴に「予想と事実の混同」があります。

「きっとこうだろう」という予想を事実として確信してしまうような考え方をします。

たとえば仕事をしていて、

「さっき彼から言われた『ありがとう』は、嫌味で言ったはず……」

「最近話しかけてくれなくなったのは、きっとその前に私が怒ったから……」

誰でもこういった予想や推測をしていますが、それを事実として思い込むクセには要注意。


人は、事実を自分の見たいように見ます。

これこそが「正解」と思うことを事実として捉え、その固まりを現実として位置づけます。しかし、事象は見方によって変わり、見方の数だけ現実があるのです。

だから私たちには、「今の見方以外に、ほかの見方はないのか」と別の視点を探る姿勢が必要です。

それは、自分を肯定的な疑いの目で見ることで、決して自分にダメ出しをするような否定的な目ではありません。

立場を変えて、異性の目にはどう見えるだろうか？　上司の目には？　部下の目には？　パートナーの目には？　など。

ほかの見方ができるかもしれない、という可能性を探ることが重要であって、ひとつの「正解」を探すことは重要ではありません。

もし、ほかの見方が見つけられなかったとしても、「それが正解ではないかもしれない」ということを忘れてはいけないのです。

「あの人に仕事をお願いしたいけど、いつも忙しい人だからきっと断られるだろう」

予想を事実にしない

今の見方以外の、別の視点で見る意識を持とう

「会社の上司はいつも素っ氣ないから、嫌われているに決まっている」
「彼のことがすごく好きだけど、あんな素敵な人が、私のことなんか好きになってくれるはずがない」

これらはすべて自分の予想にすぎず、事実は相手に聞いてみないとわかりません。
ただ、すぐに上司や好きな人には聞きづらいでしょうから、これは自分の予想なのか事実なのか考えて、単なる予想なら、そう思い込むのはやめて「わからないまま」にしておきましょう。

そして折を見て、本人に聞く機会があれば探りを入れて、事実を確かめることをオススメします。

自分の見方を探るワーク

自分は、どういうものの見方をすることが多いか。それを捉えましょう。

日々起きる様々な出来事にぶつかったときに、その出来事をどう見たか、どう反応したか、どんな感情が湧き上がってきたか。

これらを知ることで、自分のものの見方を知ることができます。

そのためのワークをご紹介します。

ノートとペンを用意して、昨日あったことを書き出してみましょう。その中で、自分の感情が動いた出来事に丸をつけます。

そして、**感情が動いた理由を書き出してみる**のです。

たとえば、人に悪口を言われていたことを知って悲しくなったのなら、悲しくなった理由について書いてみるのです。「仲がいいと思っていた人に言われたから」なのか、それとも「悪口の内容がデタラメだったから」「そんなことを言う人だとは、思ってもみなかったから」など、思いつくまま書き出してみましょう。

くれぐれも、悪口を言った人の悪口を書き連ねないようにご注意を（笑）。悪口を言われた出来事で、自分の中に湧き上がる感情を捉えて、氣づいたことを書き出すことがポイントです。

すごく感情的になった日は、たくさん氣づきを得られます。

感情的になることは、まったく悪いことではありませんし、反省する必要もありません。ただ振り返ればいいだけです。

振り返ることで、意外な自分の一面に氣づけます。

自分はこういうことで怒ったり悲しんだりするんだ、意外と正義感があるんだな、思っていたよりも図太いな、こんなことを期待していたんだ、など。

このとき大事なのは、ジャッジはしないということ。

「こんなことで怒ったり悲しんだりするなんて、自分はなんて小さいんだ」などと評価をしてはいけません。「今の自分はこうなんだ」とあるがままを受け入れます。

その意外な一面があったとすれば、それがあなたの無意識のパターンなのです。

そして、意外な一面を捉えて集めるほど、自分をより深く知ることができます。


そうやって自分の感情を測定したら、次に「本当は日々どういう感情で過ごしたいのか」ということをイメージしましょう。そこにギャップを感じることで理想の状態を意識しやすくなり、実現するカギになるからです。

もし何度も繰り返してしまうパターンで、もう繰り返したくないと思っているものがあったら、それが起きるたび、メモして記録しましょう。

これは実際に私もしていることです。

人はなんでも、文字にして視覚化（文字化・数値化）することで、物事をより客観的に見ることができます。頭の中で考えるよりも、正確に捉えることができるので、そのパターンを繰り返す理由がわかり、攻略しやすくなるのです。

たとえば、仕事の部下との関係をよくしたいと思っているのに、つい嫌味を言ってしまう上司がいるとします。

上司：明日の〇〇での打ち合わせだけど、同行よろしくね。
部下：えっ？　何の打ち合わせでしょう？
上司：えっ？　て、スケジュール見てないの？
部下：すみません、見落としていました。打ち合わせは、何時からですか？
上司：共有スケジュールを見もしない人に、答えたくないなぁ。
部下：す、すみません……。

このやりとりをした直後、上司は「しまった、また嫌味を言ってしまった」と思います。そして、今回の件をメモに、

「部下にまた嫌味を言った」

「スケジュールを見ない人に答えたくない」

「後悔」

と書きます。

メモは、できるだけ何かがあって、感情が大きく動いたときから時間を空けずに書

くのがポイントです。この上司でいえば、「しまった、また嫌味を言ってしまった」と思った直後が理想的です。

誰かに見せるわけではないので、自分さえわかるように書けばOK。箇条書きでも、走り書きでもかまいません。心や頭に浮かんだことを吐き出すように、片っ端から書きましょう。

メモを振り返ることによって、いつでも思い出すことができます。

記録するのは1カ所にするようにしましょう。あちこちに記録しないで、1カ所管理が基本です。

個人的には、スマホのメモアプリなどが、すぐに記録できて便利です。専用のノートを作って手書きするのでもかまいません。

書き溜めたメモを振り返るのは、月1~2回でOKです。

その出来事について思い出しながら、感情が動いたときの自分に立ち返り、どうして感情が動いたのか、原因を探りましょう。そのとき、どんな感情にもダメ出しはしません。

この上司の場合は、嫌味を言わないようにしたいと思っているので、「共有スケジュールに書いてあることでも、全員が見ているとは限らない。見落とすこともあることを理解しよう」といった氣づきを得られるでしょう。

もし、上司が嫌味を言う自分のままでいいと思っていたら、スケジュールを見落としたスタッフの悪口を書くかもしれません。

でも、その方は自分を変えたいと思っているから、そのためには考え方をどう変えたらいいか、という視点に立ってパターンを見ることができ、次に活かせる氣づきを得られるのです。

こうして同じパターンのことが起きるたびにメモすれば、氣づきが増える、イコール、そのパターンに対する攻略法が増える、というわけです。

第3章

イライラが消える「5つの余裕」を作る習慣

「5つの余裕」が平常心を生み出す

人の悩みは**「財《ざい》・体《たい》・心《しん》・時《とき》・人《ひと》」**の5つに分類できます。

財はお金、体は健康、心は精神、時は時間、人は人間関係です。平常心を作るには、この5つそれぞれに余裕がなければなりません。

どれだけ受け止め方が上手になってもこの「余裕」がなければ、心のコントロールはうまくできないのです。

お金（財）を貯めたいのに、いつも無駄遣いしていれば貧しくなります。

健康な体になりたいと願うのに、暴飲暴食をして運動もしなかったら病氣になるでしょう。

心も、本音を押し殺し自分に嘘をつき続ければ壊れます。そうしているうちに貴重な時間はどんどん過ぎていき、良好な人間関係を育む時間も奪われてしまいます。

「余裕」は、平常心を作る上で、重要なキーワードです。

余裕がある人ほど、多少嫌なことがあっても、ほとんど氣にならなくなります。

感情的になる人は、「財・体・心・時・人」のうちどれか、もしくは全体的に余裕がありません。本当に余裕がない人もいれば、自分の考え方によって、余裕がないという世界観を作り出している人もいます。

たとえば、お金も時間も10あれば10使い切り、時間はいつもギリギリで、体力の限界まで働き、付き合いたくない人とも付き合う。10どころか、10以上使おうとしている人も少なくないかもしれません。

いつも、すべて使い切ろうとすれば、心も体も疲れ果てて当然です。

ただ、本人は使い切ろうとしているわけではなく、無意識の習慣として、当たり前のように行っているだけです。そのパターンを変えるには、意識的に余裕を作っていくしかありません。

思いもよらないことが起きるのが人生。ですから、何かあったときのために余力を残しておくのです。

それでは、5つの余裕の作り方をひとつずつ、具体的に見ていきましょう。

お金の余裕を作り出す方法

お金が大切というのは誰しもがわかっていると思います。

なぜ大切なのかというと、生活のためというのもありますが、心とつながっているからです。

どれだけ心を豊かにしようと思っていても、給料日前でお金がカツカツになってくると精神的にもカツカツになります。

逆にお金に余裕のある状態だと、心にも余裕が生まれ、なんとなく氣分がいい状態になるはずです。

お金と心は、実はニアリーイコールなのです。

まずは、［財］。お金の余裕を作るコツをご紹介しましょう。いくつかありますが、

・**お金があるのに「ない」と言わない**
・**収支を把握して、収入より支出を少なくし続ける**
・**使う喜びより、貯める喜びを感じる**

この3つを意識してください。ひとつずつ説明します。

・お金があるのに「ない」と言わない

銀行の貯金残高がゼロではないのに、お金が「ないない」と言っていませんか。過剰な貯蓄が原因で、自分で金欠状態を作っていないでしょうか。

そして、本当はあるのに、「今月の支払いは大丈夫かしら？」「もっと節約しないと！」「老後のためにも貯蓄しないと不安」と焦りを募らせ、自ら金欠状態に拍車をかけていないでしょうか。

お金がないということは、残金ゼロということ。本当に今、動かせるお金がゼロになっていることなど、実際にはなかなかないはずです。にもかかわらず、ないない、と言って不安になっている。

将来の不安があるといっても、それは時間的な「他力」であり、今のあなたが関与できるものではありません。

・収支を把握して、収入より支出を少なくし続ける

「こんな当たり前のこと……」

と思う人もいらっしゃるかもしれません。

ただ、お金に余裕のない人はこれができていないことが多く、支出ばかりを多くし続ける習慣がある人も少なくありません。

お金に余裕を持ちたいなら、稼ぎを多くすることでもなく、節約をすることでもなく、まずは収支を把握すること。そして、常に入ってくるお金より、出ていくお金を小さくすることです。

余裕のない人は入ってくるお金と同じか、それ以上にお金を使っています。こうやって書くと当たり前なのに、実際の生活を見てみると、多くの人があればあるだけ使ってしまうのです。

・使う喜びより、貯める喜びを感じる

そこで大事なのが「使う喜びだけでなく、貯める喜び」があることを知ることです。お金を使うとドーパミンが出て、氣持ちよくなることがあります。

何かを手に入れることは、氣持ちのいいことかもしれませんがお金を使って何かを手に入れることだけでなく、貯めておくことにも喜びを見出しましょう。お金が手元に残り、それが増えていく、という状態は、心を安定させます。

体の余裕を作り出す方法

「体」の余裕とは、健康の余裕です。

こういうとわかりにくいですが、健康で肉体的によい状態を保つことです。

体が疲れ切っていると、精神的にも悪い影響が出てきます。体に痛みや辛さがあると、行動したり、チャレンジしたりする氣持ちもなくなっていきますよね。

疲れや痛みだけでなく、老化についての捉え方も含まれます。

年のわりにいい健康状態を保っているのに、若いときと比べて体力が落ちた、肌のツヤがなくなったなど、老化を嘆いていませんか。

老化は自然現象です。健康を害した状態なら嘆くのもわかりますが、自然現象を嘆いても止めることはできません。

健康であることの喜びは、健康でなくなったときに氣づかされます。仕事のパフォーマンスなどにも影響しますから、体の余裕は本来一番大事になります。

本書は健康のための本ではないのでそれほど多く触れませんが、体の余裕を作り出すコツは、とにかく「しっかりと休む」ことです。

たとえば、休日にも仕事をしていたり、仕事のことを考えていたりします。そういった人は、人生の優先順位の中で、仕事の優先順位が高いと考えられます。

今の時代は、スマホでも仕事のメールを見たり、調べ物ができたりします。便利な半面、脳は休めていないのです。ビジネスパーソンは肉体的な疲労以上に、脳の疲労が溜まっているそうです。

「しっかり休むこと」の優先順位を高くしておきましょう。

また、睡眠をしっかりとることです。体の疲労も、脳の疲労も眠ることでしか修復できません。

考え事や心配事はたくさんあると思いますが、いったん脇に置いて「今日は何も考えずしっかり寝よう」と、切り替えて、寝床に入ってください。

心の余裕を作り出す方法

「心」の余裕では何をすればいいでしょうか。

結論からいえば、心以外の「財・体・時・人」の余裕を作れば、自然と心にも余裕が生まれますし、本書で書いている内容を実践してもらえばいいと思います。

ただ、ここでは別の視点から紹介していきたいと思います。

それは**「頭の声ではなく、ハートの声に従う」**ということです。

自分の内側には2つの声があります。

頭の声と、ハートの声です。

頭の声とはいわゆる思考のこと。一見、自分の声のようですが、実は他人の声であることが多いのです。

たとえば、赤ん坊のころは、頭の声はありません。あるのはハートの声だけ。

それが成長する過程で、「○○したら危ない」「○○しないと貧乏になるよ」「いい大学を出て、いい会社に入りなさい」「人の言うことはちゃんと聞きなさい」「嫌なことでもやり続けたほうがいい」など、色々なことを教えられ、これらが知識として、頭の中にたくさん詰め込まれ、頭の声になります。

もちろん、すべてが悪いものではありませんが、大人になると頭の声ばかり聞くようになります。

ハートの声というのは、自分の内側から湧いてくる声であり、欲求です。

「本当は絵を描く仕事がしたい」「好きなことだけやりたい」といった自分が本当にしたいことを教えてくれています。

しかし、頭の声が大きくなりすぎていると、ハートの声を打ち消してしまうのです。失敗のリスクを頭が教えてくれているといえば聞こえはいいのですが、そのせいで人はやりたい行動ができなくなってしまうのです。

その結果、「やりたいこと」ではない、「しなければいけないこと」や「したほうがいい（といわれている）こと」ばかり選択するようになるのです。

「嫌なことでもやり続けたほうがいい」と教えられたのかもしれません。

ハートの声を無視していると、心の余裕はなくなり、心をすり減らしながら生きることになってしまいます。もちろん、頭の声が悪いわけではありません。自分の欲求であるハートの声も、自分を守ろうとしてくれる頭の声も両方大事です。

しかし、大人はどうしても頭の声のほうが強くなりがちなので、ハートの声に耳を傾けるようにしてください。

ハートの声を聞く方法は、「〇〇したい」という思いが浮かんだら、きちんとキャッチしてあげること。そしてできれば、すぐにその願いを成就してあげることです。

「これが食べたい」と思ったら、我慢するのではなく、食べる。

英語を学びたいなと思ったら、「今は時間がないから」と打ち消すのではなく、やってみる。そうやって小さな行動をまずは始めて、小願成就《しょうがんじょうじゅ》してあげる。これを成就してあげないと、その思いはいわば不成仏の念となって、あなたにつきまとい、「やらなかった」「やりたかった」といった後悔になります。

とはいっても、すべてのハートの声を聞く必要はありません。欲求は次々に湧いてきますから、それをすべて叶えていたら、時間もお金も足りないでしょう。「食べたい、食べたい」というハートの声に従い、食べ続けていたら太るだけです。

ダイエット中であれば、頭の声を聞いたほうがいいでしょう。

そういう場合は、ハートの声を受け止めるだけでOK。氣づいてあげることです。

「今、ハワイに行きたいって思ったのね。OK！」

「ゴルフをしたいって思ったのね。OK！」

と、感じたことを受け止めてあげる。それを打ち消したりしてはいけません。

これを少しずつやっていくと、ハートの声がどんどん聞けるようになります。

すると、人生において嫌なことだけどやらないといけないことが減り、やりたいことをやる時間が増えていきます。

ハートの声に従い、心の余裕を作っていきましょう。

時間の余裕を作り出す方法

余裕がないという人の中では、「時間」の余裕がないことがもっとも多いかと思います。

「いつも時間に追われている」
「いつも仕事に追われて、家に帰っても仕事をしている」
「やりたいことがあるけど、時間がない」
「資格試験の勉強をしたいけど、時間がない」

など時間の余裕は人生においてとても大切です。

時間に追われると、精神的に追い込まれ、心も体も壊れてしまう原因になります。

イライラしたり、怒りやすくなったり、いつもなら感情的にならない人でさえ、心が乱れ、人に八つ当たりしたりしてしまいます。

ニュースなどで話題になるブラック企業で鬱や過労に至ってしまう人は、自分の時間を奪われ、精神的にも追い詰められて、向かうべき方向がわからなくなってしまうのです。

また、最近は「可処分時間」という概念が使われるようになりました。

可処分時間とは、「自分の判断で自由に使うことのできる時間」のこと。現代社会で、それの奪い合いが起こっているように思います。

かつてと比べテレビの視聴率が落ちたといわれています。これはテレビ番組がつまらなくなったということではなく、誰でもスマホやPCなどを持つようになり、個人の使える時間の割り当てが変わってきたからです。

仕事を終えても、パソコンで仕事をしたり、ネットを見たり、メールをしたり、SNSに時間を使ったり、本を読んだり、家族と会話したり……と、やるべきこと、やりたいことがたくさんできるようになったため、何にどのくらい時間を割くか難しくなっているのです。

どれだけ便利で面白い世の中になっても、一日は24時間しかありません。

当然、氣になること、心配事が多いほど、時間に余裕など生まれにくくなっているのです。


それでは、時間の余裕を作り出すにはどうすればいいでしょうか？

答えはシンプルで、予定を空けることです。

スケジュールに空白があると不安だから、大して興味のない予定で埋めた結果、時間がないと言っていませんか？

多くの人が、時間が空くと何かを詰め込みます。

スケジュールが空いていると、「何か予定を入れられないかな」と考えてしまいがちです。「予定が何も入っていないと不安になる」という人もいるでしょう。

でもそういう人が、「時間がない、時間がない」と言っているのです。

予定がないことは何も問題ではありません。むしろ予定がないことはとてもいいこ

となのです。

何もしない時間ほど豊かな時間はありません。スケジュールに予定を入れた瞬間「やらなければいけないこと」に変わります。

予定を入れずその日を過ごせば、ハートの声から湧いた「やりたいこと」をやるかもしれませんし、何もしないでゆっくり休むこともできるでしょう。

スケジュールを埋めず、時間を埋めすぎないこと。

忙しいことがいいことなのではありません。

忙しいことはよくないこと、くらい思い切った捉え方ができるようになると、時間や体だけでなく、心もいい状態にすることができます。

人間関係の余裕を作り出す方法

最後は「人」。人間関係の余裕です。

人間関係の余裕というと少しわかりにくいですが、あなたがいい人間関係の中で過ごせているかどうかです。


「人付き合いが下手で、苦手な人ばかりがまわりにいる」

「家族はいるけど、いつもケンカばかりしている」

「自分には頼れる人、わかってくれる人がいない」


など、様々な悩みを抱えています。

「人生の悩みのほとんどは人間関係である」

これはアドラー心理学の創始者アルフレッド・アドラーの言葉です。それくらい人との関係がいいか悪いかは、重要です。

人間関係の余裕を作るための基本的な考え方で重要なのは、

- **嫌いな人、嫌な人とは付き合わない**
- **はっきりとNOと言う**
- **関心と敬意を持って付き合う**

ということです。

詳しくは第5章の「人とのかかわり方」で触れていますが、中でも大事なのは、「関心と敬意を持って人とかかわること」です。

家族とケンカばかりしている人は、多くの場合、相手の意見や相談に正面から向き合っていないことが多いです。

相手の話に聞く耳を持つこと、そして自分の意見や言葉を投げかける際には、相手を尊重することが大切です。

どれだけ、相手と自分の意見が違っていても、相手の言っていることが間違っていたとしても、向こうは正しいと思って言っていることなのです。
それに対して敬意を持ち、相手の考えを尊重した上で伝えなければいけません。

A：「あなたは間違ってる！ なんでそんなこともわからないの！」
B：「氣持ちはわかるけど、それはもしかしたら違うかもしれないって僕は思うよ。だってさ……」

右の2つで伝えたいことは同じですが、言い方が違えば、伝わり方も相手の受ける印象も違います。
このこと自体当たり前の話ですが、その当たり前のことができていないと、ケンカが絶えなかったり、互いにイライラをぶつけ合ったりすることになります。

人間関係の余裕を作るためには、自分が敬意を持って人にかかわることが不可欠なのです。

また、自分を孤独だと思い込んでいる人がいます。

しかし、孤独というのは本当でしょうか。氣にかけてくれる優しい友達や家族がひとり以上いるのに、自分には頼れる人が誰もいない、と思い込んでいないでしょうか。

そういう人は、頼れる人や相談できる人がいないのではなく、誰かに頼ったり、相談したりすることを諦めている人なのです。

本当に誰もいない人はまずいません。

仮にいなかったとしても、無人島で暮らしているわけではないのですから、困ったらどこか誰かに相談してみればいいのです。必ず手を貸してくれる人は見つかりますから。

第4章

怒りが消える「自分ルール」を作り直す習慣

自分ルールを作り直す

ここからさらに平常心と自分ルールについて説明していきます。

人は誰でも、生きていく上で大事にしている信念、正しいと思い込んでいることがあります。わかりやすくいえば、あなたの前提としている価値観であり、「自分ルール」です。人はそれらに従って日々を過ごしています。

「時間にルーズは許されない」

「人は褒められるよりも、怒られたほうが育つ（だから怒っていい）」

「失敗した人に対しては怒らなければいけない」

「人生は公平でなければいけない」

など、人にはそれぞれたくさんの自分だけのルールを持っています。

それはある意味、禁止事項もたくさん持っていることになります。

「自分の価値観だし、自分だけのルールならいいじゃないか」と思うかもしれません。

しかし、現実問題、自分を締めつけるルールが多ければ多い人ほど、人間関係のトラブルは多く見られます。

なぜなら、自分ルールの厳しい人は、ほとんど必ずといっていいほど、相手に対しても同じ水準のルールを要求しているからです。

たとえば、時間に厳しい人は、他人が予定の時間に5分遅れただけでも、怒ったりします。

自分ルールというものの、自分だけ時間に厳しいわけではなく、「世界はこうあるべき」というルールを求めているのです。

こうなるともはや自分ルールではなく、「その人が勝手に決めた世界のルール」になります。

このルールを守れない人がいると、感情のスイッチが入り、イライラしたり、許せなくなったり、攻撃したりするのです。

怒らない習慣で平常心を手に入れるためには、この自分ルールの作り直しに着手していく必要があります。

自分ルールを人に押しつけない

まず、自分がどのようなルールを持っているのかを意識する必要があります。

自分ルールには、「自分が作ったもの」と、「他者から加えられたもの」の2つがあります。

前者は、自らの経験から得た教訓がベースになっています。

後者は、親や学校の先生の教え、集団の中での規範意識から加わることが多いルールです。親や先生が正しいとする世界観を疑うことなく受け入れ、ルール化したものが含まれます。

いずれも、何を選択しても個人の自由なので、正解も不正解もありません。

ただ、自分ルールの設定が細かく厳しい人ほど、先に述べたような理由から悩みやトラブルも増えていく傾向にあります。

自分ルールの作り直しをする上で、最初の設定をし直しましょう。

最初にやるべきは、

「自分ルールは人に押しつけない」

というものです。

自分ルールが自分だけのルールであれば、ほとんどの問題は起きません。

自分ルールの厳守を他人にも求めるようになると、日常において苦しみや人間関係のトラブルが増えていくことになるのです。

ルールは人の数だけ存在し、内容が似ている人はいても、同じ人は存在しません。

仮に酷似していることがあっても、完全に一致することはあり得ません。

ルールは他人に押しつけない

完璧にできなきゃ意味がない
○○しなきゃ
○○では許されない
時間は100%守らなきゃ
もっとガンバリなさいよっ!!

自分に厳しい人は他人にも厳しいルールを課す

だから、人とかかわり合うとき、自分のルールと違う考え方や生き方についてどうこう言うのは基本的にやめましょう。

それでも、仕事や家族など、自分の意見や思いを相手にわかってもらいたいときがあります。そういうときは、いったん自分のルールを脇に置いて、相手のルールを踏まえながら伝わりやすいように話し合うこと。

相手のルールに従ったり、媚びたりする必要はありません。

ただ、相手のルールに対して、「そういうルールもあるよね」と尊重してあげる。それが思いやりであり、愛情というものです。

思いやりや愛情は、自分のルールを脇に置いて、相手に寄り添い歩み寄ろうとする姿勢のこと。

それができなくて、「私のルールは誰もが重んじるべきもの」「これが常識」などと勘違いすると、相手のルールと自分のルールを戦わせることになってしまいます。

ぜひ、自分がどんなルールを持っているか、そして他人はどんなルールを持っているのか、その違いを冷静に意識してみてください。

自分のルールや相手のルールが理解できるようになると、イライラしたり、怒ったりすることが激減します。

自然と相手のルールを許容でき、受け入れることができるようになるのです。

「自分のルールは、自分にとって大事なことで正しいことにすぎず、相手にとっては大事でも正しくもないことかもしれない」

「私のルールは、人の数だけあるルールの中のひとつにすぎない」

ということを忘れないようにしましょう。

不要な「親ルール」を手放す

他者から与えられたルールでもっとも多いのは、親の教え、「親ルール」です。

親は、子どもに「幸せになる手段」や「危険な目に遭わない手段」として生き方や考え方を日常生活の中で教え込みます。それがあなたの価値観そのものとなり、ルールになっていることが多々あります。

しかし、その教えは時代の変化によっては、合わなくなったり、成長したあとの自分には不要だったりします。

たとえば、「いい大学に行き、いい会社に入ることがよい生き方」だと教わって育っても、終身雇用が保証されない現代では、特別正しい生き方だとはいえません。「女性の幸せは結婚して出産すること」と教えられて育つと、女性の社会進出が望まれる現代であっても、仕事で活躍するほど後ろめたさを覚えたり、出産しなかった場合は罪悪感を抱いたりしかねません。

もし、自分には合わないルールに氣づいたら、思い切って捨ててしまいましょう。

親の教えに従って生きるのは、自分で考えずにすむので、ある意味楽なことです。

自分で考えるのは億劫で苦手な人は、言われたことだけやっていたら氣楽で、安心・安全だと考えるものです。

仕事でも、上司に言われたことを、言われた通りやったほうが、何も考えずにすむので楽ですよね。失敗しても、上司に言われた通りにやりました、と言い逃れもできます。

それと同じように、**親のルールに従って生きて、うまくいかなかったら、「全部親のせい」だと言い逃れることもできるでしょう。しかし、そうしたところで、人生で辛い思いをしたりするのは結局自分**です。

あなたが親のルールに従って生きて、うまくいかなくても誰も責任をとれませんし、親が身代わりになって助けてくれるわけでもありません。

ますます悪いルールを作り出す原因

もちろん、親から教えられたルールで人生がうまくいっているのなら、手放す必要はないかもしれません。

しかし、うまくいかないことが続き、人生でトラブルが多いのだとしたら、見直す価値があると考えていいでしょう。

そもそも、自分ルールがなりたい自分や得たい結果を手にするのにふさわしい内容であれば、自ずとなりたい自分になっていて、得たい結果を手にしているはずですね。

裏を返すと、なりたい自分から遠ざかって、得たくない結果ばかりを頻繁に手にしているのなら、自分ルールの選択と設定が間違っている、ということ。

そして、得たくない結果ばかり頻繁に手にしていると、

「きっと私は恋愛運がない人間なんだ」

「私は出世運がないに決まっている」

などと運のせいにしたり、自分にレッテルを貼ったりして、「努力が報われるなんて嘘」「やりたいことをして生きていけるなんて幻想」とネガティブな自分ルールを作り出してしまう可能性もあります。

自分が信じ込むと、それはあなたの中での現実になります。すると、ますますネガティブなことばかりに意識のフォーカスを向けるようになります。

実際には、楽しいことや、嬉しいこと、幸運なことがたくさん起きているのに、それに氣づけなくなってしまうのです。

もし、自分にネガティブなことばかりが起こっていたとしたら、それは自分ルールを見直したほうがいいというサイン。うっかりおかしなルールを信じてしまっただけなので、バッサリ切り捨ててもＯＫなのです。

人の価値に上下優劣をつけない

日本人は儒教思想の影響か、年齢などが自分より上か下か、大人と子ども、先生と生徒など、上下関係をはっきりさせたがる傾向があります。

平常心を作る上でオススメなのが「平等観」という見方を知ることです。

これを自分ルールに入れておきましょう。

平等観とは、**「人を平たく等しく尊く、上下も優劣もなく見ること」**です。

人には上も下もないという平等な目で人や物事を見られるようになると、どんな相手であっても見下したり、リスペクトしすぎたりせず、フラットに付き合えるようになります。

こうなると、期待のしすぎもなくなり、心の枠も広がります。

そもそも、人それぞれ能力や財力、経験値など、数値化できるものは上や下、多い・少ないがありますが、人、すなわち命の存在価値はみんな同等です。

小さい子どもの命も高齢者も、世界的に活躍している人も、みんな同じ。尊厳ある「個」に変わりありません。

その人の存在価値を、地位や家柄、年齢をはじめ、成績や収入、他人から受けた評価に結びつけて考えないことが大切です。

悪事に手を染める犯罪者であってもまた親も先祖もいる尊厳ある「個」なのです。罪を犯した人をすべて悪とみなしてしまうのは、更生するチャンスを奪うことでもあります。

もし、親や上司の言うことだから逆らえない、目上の人の言うことは聞くべき、という考えが拭えなかったら、強制された教えの影響を受けすぎているかもしれません。

上司はもちろん、親だって自分以外の人、イコール他者なのです。

何も、親の言うことを全否定せよ、と言っているのではありません。

今の自分に不要になった親のルールを捨てるように、自分に合わない考え方や意見は参考にしなくていい、ということです。

「まあいい化」「しょうがない化」という選択肢を持つ

「食事もお酒も摂りすぎない」という自分ルールを持っていた場合、つい食べすぎたり、飲みすぎたりしてしまうと、自己嫌悪に陥ることがありますよね。

でも、「おいしいものが食べられて、楽しくて時間を過ごせて満足できた」という感情を尊重して考えれば、悪いことではありません。

「ま、いっか」「まあ、しょうがないか」と氣持ちを切り替えやすいと思います。

こんな自分は嫌だなぁ、と思っていた氣持ちを変化させることから、この捉え直し方を私は「まあいい化」「しょうがない化」と言っています（笑）。

一言でいえば、ルールから外れてしまった自分を許してあげることです。

自分に厳しい人はなかなかこれができません。ストイックにやることは悪くありませんが、度がすぎると、その厳格さが自分を苦しめることになります。

「まあいいか」

「まあしょうがないか」

これを口グセにしたり、ルールにしたりすると、怒ったりイライラする回数が大きく減っていくのです。

自分の嫌いなところを人にさらけ出す必要はありませんが、自分自身では受容する必要があります。「こんな自分もあり」と事実として肯定も否定もせずに、ただ受け入れるのです。

すると、嫌なことを受け止める免疫がつくため、人から嫌なことや意地悪なこと、不愉快なことをされても感情が乱れにくくなります。

自分の感情を尊重して考えることが、自尊心を育てることにもなります。

それができる人は、自分で自分を認めて承認欲求を満たせますが、できない人は自分で自分を認められない分、他人からの評価や承認を求めます。

他人からの評価や承認によって、自分の価値が決まると思ってしまうと、高評価のときはいいのですが、中長期的には自分を苦しめます。評価や承認を得るための行動をとり続けないと、自分の価値が下がると思い込んでいるからです。

たとえば、何かのコンテストで、ノミネートされた10人のうち、選ばれるのがひとりだけでも、そのひとりだけに価値があるわけではなく、ほかの9人にもそれぞれ別の価値がありますよね。

選ばれなかったとしても、自分の価値は下がりません。

自尊心が欠如していて承認欲求が満たされていないと、物事の成功や人からの称賛を自分の価値に結びつけてしまいがちなのです。

とにかく、他人の評価に囚われず、自分で自分を大切に扱うことが肝心です。

人生の優先順位をちゃんと決める

自分ルールをしっかり作る上で大事なのは、人生の優先順位をちゃんと決めることです。

私の人生の優先順位は、まず自分です。次に大事なのは、一緒に住んでいる妻と2人の子どもです。

私の人生は、この「自分」と「家族」の2つさえ大事にしていればほとんどOKで、3番目に両親、弟、親類、4番目に仕事（お金）、5番目に時間と続きます。

この順番は、人それぞれ違うものだと思います。

人生の優先順位は、「本当に大事にしたいものを、大事にしたい順番で、大事にしていく」というのが鉄則です。

現状に対する満足度が低い人は、本当はこうでありたいという理想的な優先順位を書き出してみてください。

そして、今、なんとなく採用してしまっている優先順位と見比べてみて、なぜ理想と違う順位になっているのか考えて、変えていきやすいことから変えていきましょう。

そのときに障害になるのが、「慣れ」です。

ブラック企業だとわかっていながら辞められないのは、新しい会社という不慣れな環境が怖いから転職せず、慣れているブラック企業のほうがまだマシと思ってしまうからです。

暴力を振るうパートナーでも、ときどきは優しくしてくれるし、この人と別れたら新しい恋人はできないかも、という慣れを手放す恐怖から別れられません。

それでも少しでも現状を変えたいと思うなら、専門家に相談するなどして、徐々に「慣れ」を手放していくことをオススメします。

人生の優先順位を見直すと、日ごろ自分をどう扱っているか、他人をどう扱っているか、家族やお金、時間をどう扱っているか、ということもよくわかります。

自分を大事に扱えていない人は、本当の意味で、他人のことも大事にできません。人を大事にする方法がよくわからないからです。

自分を大事にできるようになるほど、他人のことも大事にできるようになります。

そうすれば自ずと人間関係もよくなって、家族やパートナー、上司、友人との理想的な関係に近づけるでしょう。

「怒ってはいけない」と思ってはいけない

この章の最後にオススメしたい自分ルールは「怒ってはいけない、と思ってはいけない」というものです。

ここまで散々、怒らないための習慣や平常心の作り方についてお伝えしてきましたが、人によっては「何があっても怒ってはいけないんだ」と思い込んでしまう人がいます。

「種市さん、色々教えてもらったんだけど、やっぱり子どもに怒っちゃうんです」

という悩みを相談された方がいらっしゃいました。

当たり前ですが、怒るときは怒っていいのです。

私だって怒ったり、イライラしたりするときはあります。第2章でも触れましたが、何も聖人君子で悟りを開いたお釈迦様のような人になりましょう、という話ではありません。

怒らない、イライラしない、感情に振り回されない心になると、人生は一氣に好転しますよという話であって、怒ったらダメということではないのです。

人から叩かれたり、ひどいことをされたりしたら怒るのは当然。子どもがお友達をいじめたり、悪いことをしたりしているのに怒らないのは、逆に間違っているでしょう。

怒り自体が悪いことではありません。

自分の感情に振り回されないようにすることが大事なのです。

自分のルールに「怒ってはいけない」というものは、作らないようにしましょう。

怒るべきときは怒り、ＮＯと言うべきときにはＮＯと言う勇氣を持ちましょう。

第5章

いい人間関係を作る「人とのかかわり方」の習慣

縁には寿命がある

本章では、心穏やかに人とどうかかわっていくかというコミュニケーションのコツや習慣をお伝えしていきます。

人間関係で悩む方は多いですが、それは自分がどういう人とどのように付き合うかを明確にしていないことがよくある原因かと思います。

誰にでもいい顔をして付き合いをしていると、自分が望んでいない人と多く付き合うことが増えていきます。

人生で誰と出会うかは選べなくても、誰と優先的に過ごすかは自分で選べるのです。

縁には、寿命があります。

3カ月の縁もあれば、1年、5年、何十年も続く一生の縁もあります。それぞれの人生の道を歩いていて、その道を横切るだけの一瞬の縁もあれば、出会ったら少しだけ横に並んで一緒に歩く縁もあるでしょう。

縁は長く続けばいいというものではありません。

あの人とはかかわらなければよかった、早く別れればよかった、という経験は誰にでもあるはずです。

縁は、自分がかかわりたい人と、かかわりたい期間、かかわることが基本です。

かかわりたいと思う人は、一緒にいて心地よさを感じられるものでしょう。

人によって、何が心地よくて、何に腹を立てるのかは異なっています。

スパゲティをズルズルと音を立てて食べることを不快に感じる人もいれば、感じない人もいます。

不快なら、そういう人と一緒にいないようにする、もしくは、そういうシーンのみを避ければいいのです。

音を立てないほうがいいよ、と相手に言っても価値観の違いはどうしようもありません。相手がおかしいと思っていなければ、「なんで?」と返されるだけです。

かかわりたくない人とは、かかわらないに限ります。嫌な相手からは逃げるが勝ち。逃げるのはかっこ悪い、なんていうことはまったくありません。

ただ、相手が会社の同僚や上司など仕事の関係者の場合は、かかわりたくないからといって、逃げるわけにもいきません。

まず、相手の苦手な点を書き出すなどして相手に対するネガティブな感情を認めて、「あの人は、私の苦手なことを平然とする生き物。それもまたよし」と受け止めることをオススメします。

すると、心の準備ができているので、いちいちネガティブな感情が芽生えにくくなり、感情も顔に出にくくなります。そうすれば、いらぬ摩擦を避けられるので、かかわりたくない相手とも、当たり障りのない関係性を築けます。

逆に、ネガティブな感情が顔に出てしまうと、相手に「なんだその顔は！」という態度を返されてしまうため、関係性が悪化しやすくなります。

「嫌なことをする人」＝悪人にしない

「自分にとって嫌なことをする人＝悪人」としないことも大切です。

人は社会を形成する生き物なので、共通点を感じ合えるほど連帯感や仲間意識を感じ、逆に共通点がない人を敵視したり嫌ったりしがちです。

出身地や出身校、世代など、共通点があると集団がまとまりやすくなって便利なわけですが、違うことがよい刺激になることもあります。

その最たる例が、恋人や結婚相手などのパートナーです。

一方は片づけ魔で、もう一方は散らかし魔など、性格が正反対というカップルも少なくありません。

それが原因で何度もケンカになるけれど、それでも好きだから一緒にいます。自分と違うことや、嫌だなと思うことをされると必ず嫌いになるとは限りません。

つまり、嫌なことをする人＝悪人ではないということ。

嫌なことをする人は、「自分がいいと思っていることや、いいと信じていることが

違う」人のことなのです。

嫌なことをするのは、その人の一部分にすぎません。

その人の全体を見れば、悪い人ではないことに氣づけると思います。

すると、その人の言動が鼻につきにくくなります。感情が乱れにくくなるので、その人と接していても平穏な氣持ちを保ちやすくなるでしょう。

どんなことであっても、相手は「自分がいいと思ってやっていること」なのです。

「普通は～」とか「常識で考えたら～」と言っても、自分と相手では普通も常識も違うので通用しません。

「このダイエット法はオススメだから絶対やったほうがいいよ」とか、「あの映画は絶対観るべき」などと人に薦める人がいますが、どんなに仲がよくても、自分に合うものと他人に合うものが違うことなんて、当たり前にあることなのです。

人に何か薦める場合は、そのことを念頭に置いておきましょう。

ケンカしたときの対処法

誰しも、自分が信じて大事にしているルールにのっとって生きています。

そのルールや正しさは人の数だけあると考えられると、物事を様々な角度から見ることができるようになります。

逆に、自分のルールだけが正しいと勘違いすると、ケンカになってしまいます。

自分が正しいと信じていることが、そのまま相手の正しさになることはありません。

正しいと思うことも正しさの優先順位も、人と一致しないのです。似ていることはあっても、まったく同じということはありません。

そもそも、ケンカというものは、お互いが信じていることの間にギャップが生じた際に起こります。

大切な人とのケンカとは、ギャップをどうやったら埋めることができるか、という

すり合わせのためにするものと考えてみましょう。

ギャップを完全に埋めて、お互いが思っていることを一致させることはできませんが、歩み寄って少しずつ埋めることはできます。

そのためにも、思ったことを口にするときは、これを言うと相手を傷つけるのではないか、と考える必要があります。

思ったことを言うこと自体は悪いことではありませんが、言い方や使う言葉、タイミングを選ぶのが知恵というものです。

夫婦や仕事上のパートナーの場合、激しく言い合うことは誰しもあることだと思います。お互いが、今はケンカになっているけど仲直りしてうまくやっていきたい、という氣持ちを持っていれば、ギャップを埋めていくことができます。

お互いにその思いがあれば、**ケンカはより仲良くなるための通過儀礼**になります。

「自分の言うこと」から「相手の言うこと」へ

激しく言い合ったあとは、すぐに歩み寄れないときもあるでしょう。そういうときは少し時間を置いて、落ち着いてから話すといいと思います。

自分は落ち着いてきて、相手がまだ感情的なままだったら、「言いたいことを聞かせてほしい」と伝えましょう。

「自分の言うことを聞け」ではなく、「相手の言い分を聞く耳を持つ」ことが重要です。聞く耳を持たないというのは、自分が正しくて、相手の言うことは間違っていると決めつけているも同然です。

どんな言い分でも、ちゃんと聞いて、相手の氣持ちを汲み取る努力を怠ってはいけません。

相手が感情的になっている場合は、泣いている子どもをあやすような氣持ちで、よしよし、と相手の感情を受け止めることに徹するといいかもしれません。

もし、「どうしたらいいと思う？」と聞かれたら、「本当はどうしたいの？」と聞き返してみましょう。

一度、聞き返してすぐに本音が出てこなくても、「本当の本当はどうしたい？」と何度も聞いてあげることです。

そうすることで、相手は自分の本音を話す機会を手に入れます。すると相手の自尊心は満たされ、ネガティブな感情が鬱屈してあらぬ形で爆発することを防げます。

尊敬する人と意見が合わない場合

相手への憧れや尊敬する氣持ちが強い場合、嫌われたくないという思いから、相手を「上」にして、自分を「下」にし、相手の言い分に同調しがちです。これを続けていると、自尊心が低くなってしまいます。

なんとも思っていない相手や、自分より「下」だと思う相手なら、何を言われてもあまり氣になりません。

しかし「上」だと思っている人の意見にはブレてしまいがち。

当たり前ですが、どんな人の意見であっても、正解とは限りません。

誰の意見も、一意見。参考程度に聞けばいいのです。

一意見にすぎないと思えば、その人の発言と人格を同一視することはありません。話し合いになって、意見や本意を伝えることができない、ということも防げます。

話し合いをするには、意見は意見として、その人の人格と切り離して捉えることが前提になります。仮に、最悪の発言をしても、その人の人格まで最悪だとは限らないのです。

きちんと意見の交換ができるかどうか、で相手の他者に対する意識レベルがわかります。

感情的になって相手をやり込めようとする人ほど、相手をコントロールしようとするタイプです。

そういう人とは、はっきり言ってあまりかかわらないほうがいいでしょう。

ルールをすり合わせれば、平穏は手に入る

人は、それぞれに当たり前だと思うことをして生きています。その当たり前は人によって違うので、ぶつかることがあって当然です。

ぶつかること自体は悪くなく、ぶつかる原因があるだけで、どっちが正しい、間違っているという話でもありません。

大事なのは「すり合わせ」です。家族や仕事の同僚やパートナーと、お互いのルールをすり合わせることが人間関係を築くということなのです。

すり合わせが習慣になっていれば、ぶつかっても調整が利きます。

たとえば、AさんとBさんが結婚生活を始める場合に、よくあるのがルールを作る上でのぶつかり合いです。

A「床掃除は2日に1回でいい！」

B「いや、毎日やってよ！」

といったものから、

B「朝くらいあなたがご飯用意してよ！」

A「ご飯くらい毎朝そっちが作ってくれよ！」

みたいなケンカがあったとします。

それまで別々に暮らしていて、それぞれの自分ルールがあるからぶつかり合います。

こういうときはどうすればいいでしょうか？

AさんとBさんの2人のルール、どちらかのよりよいほうを選ぶのではなく、「夫婦」というCの新しい共通の人格をすり合わせながら作れば、スムーズに解決します。

個人のときはそのままでいいのですが、夫婦として一緒にやっていくなら、どういうルールならうまくいくか、を話し合っておくことが大事になります。

もし、どちらか一方のルールに従うとなると、もう一方のルールがなくなってしまい、我慢を強《し》いることになり、それではお互いの不満が溜まり、長続きしません。

一方に従わせるのではなく、すり合わせる。

すり合わせずして、コミュニケーションは成り立ちません。

２人のルールをすり合わせる方法

Aさんのルール、Bさんのルール
どちらかを採用するのではなく……

新しいCさん（私たち）というルールを作る

病院に行くのは勝ち？　負け？

私の事例をひとつご紹介しましょう。

私が育った家では、「病氣になるのは自己管理がなってない証拠で恥ずべきこと、病院に行くことは負け」といったルールがありました。

そのため私は、体調が悪くても我慢するクセがついたのですが、妻はすぐ病院に行くというルールでした。

この違いをどうすり合わせたかというと、「体調が悪いまま我慢をすると、子どもにうつしてしまったり、仕事にも支障が出たりした経験から、病院には早めに行くことにする」と私のルールを変えました。

あるとき、2人の子どもを妻と手分けして検診に連れて行くことになり、彼女が病院の先生に渡す資料の説明をしてくれました。

しかし、それを聞くだけで私はプレッシャーが募って、つい「あー面倒くさいなぁ」と悪態をついてしまいました。

すると彼女はムッとして、「私が2人とも検診に連れて行くからいい！」と怒ってしまいました。

あとになって、どうして私は感情的になってしまったのだろう、と振り返り、「そうだ、病院に行くようなヤツはダメ人間という家で育ったからだ」と氣づいたのです。妻にとって病院に行くことはなんのプレッシャーもなく大したことではないのですが、私にとっては一大事なわけです。

私は、そのことに氣づいてすぐ、「さっきは悪意のある発言をしてごめんね」と妻に謝りました。もちろん彼女も、「私もむきになってごめんなさい」と。

この一件で、私たち夫婦のルールに「次から病院に行くときはお互いのプレッシャーの違いに注意しよう」ということが加わったわけです。

「次からは注意しよう」と思うことで、言い合ってしまった出来事が「してよかったこと」に変わります。

なぜなら、今回言い合ったことで、今まですり合わせていなかったことをすり合わせられて、よりよい関係を築くためのルールが増やせたからです。

改めて言葉とは、お互いの理解を深めたり、同意や合意をしたりするためのツールなのだと思いました。「どっちが正しい、間違っている」といった言い合いをするためだけに使っていたらもったいないのです。

価値観の優先順位もすり合わせる

価値観というのは、その人が大事にしていることの基準や順番のことです。

たとえば、1番が健康で2番が仕事の人は、わずかに寒氣がして風邪を引きそう、というだけで会社を早退したりします。逆に、優先順位の1番が仕事で、2番が健康の人は、風邪が悪化して高熱が出ても出社しようとします。

自分ルールと同様に、価値観が同じ人もこの世にいません。

価値観が似ている人だとぶつかる回数が少ないため、一緒にいて居心地のよさを感じられます。それでも、完全にぶつからないということはありません。

ぶつかることがあっても、お互いの価値観の違いをすり合わせられる関係が「仲がいい」ということです。

ケンカをしても、そのつどすり合わせができて乗り越えられると、2人の絆はどんどん強くなります。

上手なすり合わせ方は、相手の価値観を尊重しつつ提案をすることです。

たとえば、片づけの優先順位が低い相手なら、

「いつもじゃなくていいから、1週間に1度は片づける日を作らない？」
「子どものおもちゃで足の踏み場もないから、歩く通路だけは確保しない？」
「食卓のまわりだけは片づけるようにしない？　ほかは散らかっていてもいいから」

というのもいいでしょう。

要するに、価値観の優先順位をがらりと簡単に変えることは困難なので、一部分だけ変えることを提案するのです。

完璧を求めず、もし可能であれば「一部分」だけでも、というのが相手の氣持ちや立場を尊重している姿勢です。一方的に「片づけてよ！」と言ってしまったら、自分は正しくて、お前は間違っている、と言っているも同然で、不和しか生みません。

そもそも、「正しいこと」と「正しいと思っていること」は違います。

「自分は正しい」というのは、「正しいこと」ではなく「正しいと思っていること」にすぎません。

「正しいと思っていること」は個人の解釈です。事実なら正誤をつけられますが、解釈に正誤はつけられず、正しいといえば、みんな正しいことになります。

だから、どんな人の「正しいと思っていること」も否定できません。極端なことを言うと、法を犯す人でも、その人はその人なりの正しさがあって、辻褄が合っているのでしょうから、完全に否定などできないのです。

わかり合えないときのコツ

相手との価値観の違いをすり合わせしている中で、相手の言う考えをすんなり理解できないことがあったら、どうすればいいでしょうか。

答えは、「相手に聞く」だけです。

素直に、誠意を持って「教えてもらってもいい？」「この解釈で合ってる？」と聞けば、相手も心を開いて答えてくれます。

相手をコントロールしようとしたり、相手の価値観を改めさせようとしたりすると、何を聞いても拒絶されるので注意してください。

誠意を持って質問しても相手にすらしてくれない人は、はなからすり合わせる氣がない人や、拗《す》ねている人。もしくは、それまでかかわりの中で、既に関係性が壊れている人。そういう人と良好な関係を築くのは、かなりの労力を必要とするので、もし優先順位が低い場合には、あまりかかわらないほうがいいかもしれません。

ただし、相手が会社の上司や同僚で、かかわらないわけにはいかない人の場合はどうでしょう。

そういった場合もまずは、なるべくかかわりを減らすことを考えます。

それができなければ、相手個人として見るのではなく、「同じ利益を追求する会社の一員同士」と、視野を広げた見方をしてみましょう。

すると、個人の価値観ではなく、会社というシステムにおいて、共通のゴールや目的が見えてくるはずです。

よくあるのが、エンジニアやものづくりの部門で仕事をしている人と、営業をしている人は仲が悪かったりします。お互い立脚点が違うので価値観も合わない。

でも、「お客様の役に立つものを提供したい」という目的は、作る側も売る側も同じはずです。

このようにお互いの意見や立場は違うけれど、同じゴールを持っている。そのことがわかれば、相手の価値観を理解でき、相手の言動によって感情を振り回されにくくなるでしょう。


面白いもので、うまくすり合わせられなくてケンカになって、その結果疎遠になった相手でも、時間を置いて仲直りできると結びつきがより強くなります。

お互いに、「一度はダメになったのに、つながり直せるのってすごいよね」と、確固たる関係性を築けているという自信が湧くからです。


そうした本氣でもめることができる相手というのは価値があり、ビジネスパートナーや結婚相手になり得る存在になります。

本氣でもめることができる人というのは、お互いの自分ルールや価値観などの違いについて本氣で向き合おうとする人なので、誠実なのです。

相手を信頼していなければ、本氣でもめることはできません。身近な人との本氣の言い争いは、相手を信頼しているからこそ、できることなのです。

妄想という「尾ひれ」をつけないで、ちゃんと聞く

人から、イラッとすることやカチンとくることを言われたとき、「あの人にこう言われた」という言い方をしますよね。

あの人は「言った」だけなのに、それを受け止める側が「言われた」と言い換えることにトラブルの原因があります。

「言った」は事実ですが、「言われた」というのは受け手の主観が入っているのです。実際に相手が言った言葉に尾ひれをつけ、実際とは違う言葉にねじ曲げて聞いている可能性があります。

「こう言われた」という人に、「本当に相手はそう言ったの?」と聞くと、「そうは言ってないけど、そう言いたかったに違いない」とか、「絶対そう思っているんだと思う」「言われたような氣がする」などと返ってきます。

これは、完全に主観がベースになっています。

「あの人にひどいことを言われた！」と感情的な言い方をするのは、「自分は正しくて間違っていないのに……」というスタンスに立っているときです。

相手を敵視して「悪人・罪人」にすることで、自分の正しさを示そうとするのですが、それで心が通じ合うことはないでしょう。

敵視されて、喜ぶ人はいません。

主観のみで悪く見そうになったら要注意。敵意は好意と同じように、わかりやすく相手に伝わるものだからです。

イラッとすることやカチンとくることを言われても、もし仲直りしたいのなら、相手を「悪人・罪人」にしないで、お互いの理解を深め合おうとする氣持ちを大切にしてください。

また、パートナーとケンカをして、しばらく会わなかったり、口を聞かない状態が続いた場合も、相手の最後の言動をあれこれ解釈し直して、相手の真意や出方を探ったりしますよね。

そのとき「連絡がないということは、相手は仲直りする氣がないんだな。自分は謝って、仲直りの話し合いも提案したけど、相手がスルーするなら致しかたなし」と考えたりするかもしれません。

しかし、相手が「仲直りする氣はない」と言ったわけではないのにそう解釈するというのは、心の底では自分自身が仲直りしなくてもいいや、と思っている可能性が高いのです。

逆に、「自分から謝るのはシャクだからできないけど、きっともうしばらくすると、相手から仲直りの連絡がくるはず」と解釈する場合は、本心は相手と仲直りしたいと思っています。

なかなか連絡がないとシビレを切らすものですが、シャクであっても、自分から連絡してみることも考えてみましょう。

「自分が正しいか」ではなく、「言い方が正しいか」で考える

人間関係が壊れる原因は、相手をコントロールしたいという支配欲にあります。欲や煩悩は誰にでもあるもので、悪いものではありません。しかし、人に対する支配欲だけはなくしたほうが、良好な人間関係を築け、日々を平穏に過ごせます。

支配欲とは、何事も思い通りにしたいという欲求です。この欲求を持っている人の特徴は口グセに現れます。

「○○すべき」

「○○なはず」

「私はちゃんと○○したつもり」

といった言葉を無意識によく使っています。

たとえば、相手のメールの書き方や電話のかけ方といった些細なことにもイラッする人は、相手をコントロールしたいと無意識に思っています。

自分のルールから外れたことをされてイラッとしているわけですが、それは自分と他人との境界線を超えた怒りです。

人に対して「こうすべき」という氣持ちが芽生えたとき、それは叶うことのない願望。

「他人にこうしてほしい」という思いはあってもいいですが、本当の意味で「こうすべき」であることはないのです。

仮に、あなたが他人に「こうすべき」と思っても、強制することはできません。

例外はあります。それは会社の上下関係においてです。

会社の部下であれば、指揮命令系統が上から下に流れていることがほとんどなので、すべきと信じていることを伝えても問題ありません。

会社は、利益を上げることを目的にしたシステムですから、そこに属している以上、部下は任せられた仕事に細かく口出しされた際、すべてではないにしろ従う必要があります。しかしながら、伝え方には丁寧さや敬意が必要となります。

一方、家庭やプライベートの人間関係はそういったシステムではありません。家族を部下と同じようにコントロールしようとするのは大間違いです。家庭で、会社と同じように振る舞うとしたら、おそらく総スカンを食らうでしょう。

また、「人は約束を守るはず!」「それで片づけたつもり?」など、「○○のはず」や「○○したつもり?」という氣持ちが芽生えたときも要注意。

そういう人は、人には「それで片づけたつもり?」と攻撃する一方、自分のこととなると、「これで片づけたつもり」と自己弁護しがちです。

「片づけた」と「片づけたつもり」は大違いです。というか、真逆です。

たとえば、「奥さんのことを大事にしていますか?」と聞かれて、「大事にしているつもりです」と答える人は、大事にしていない部分を自分でも感じていながら自己弁護しています。

仕事の連絡ミスが起きたときに、「連絡したつもりです」と答える人も、連絡を忘れたことや、連絡したけど説明が不十分だった自分を感じながら自己弁護しているのです。

「連絡した」と「連絡したつもり（はずだ）」や、「確認した」と「確認したつもり（はず）」は別物ですよね。

仕事などで思い通りの結果を出している人ほど、人は自分の思い通りに動くものと考える傾向があります。

そういう人が昇進して部下を抱えるようになると、結果を出せなくなることもあります。プレイヤーに向く人とマネージャーに向く人の両タイプがいて、プレイヤーとして能力を発揮できるからといって、マネージャーになっても優秀かといったら違うからです。

私たちがコントロールできることは、自分が思うこと、発言、行動（漢字で言うと、意《い》・口《く》・身《しん》）だけ。それ以外のことは、コントロールも選択もできません。

命令口調などで相手をコントロールできたつもりになっても、相手は他力の輪の範囲に存在しているので、実質的にはコントロールできないのです。

「NO!」は初回の現行犯が原則

セクハラやパワハラをする上司、暴言や暴力を振るうパートナーなど、コントロール欲が強い相手に対しては、きっぱり「やめてください」と拒否することが肝心です。

その意思表示のタイミングは、初回の現行犯が原則。

一度許してしまうと、相手に「ハラスメントや暴力をしてもいい人」と思わせてしまうからです。

昔は、こうしたことは黙って我慢したほうがいいといった風潮もあったようですが、今はそんな時代ではありません。はっきりと意思表示しないと、相手にエスカレートすることを許すことになって、自分を守ることができません。

仕事の分担が自分だけ多くて理不尽に感じた場合も、分担してほしいことを意思表示しなければいけません。
直接上司に言いにくければ、さらに上の上長、同僚や先輩、それでも難しい場合は外部の専門機関など、意思表示しやすい相手にしましょう。

分担してほしいと言えない人の多くは、自分ルールの中に、目上の人の言うことは聞かなければいけない、という従属のルールを持っているせいだと思います。だから従うしかなく、自分は立場が下だから黙ってやるしかないんだ、などという思いに至りがちです。

そんな状態で普段はしないようなミスをしてしまったら、さらに自分を追い込むことになりますし、頑張りすぎて、体や心のバランスを崩しかねません。
第4章を読み返して、自分ルールと人生の優先順位を見直してみてください。

第6章

嫉妬が消える「自尊心」を育てる習慣

自分ファーストで「我がまま」に生きる

平常心を作る上では、自尊心も大切です。

自分が満たされていると感じていない人ほど、まわりの人に嫉妬したり、まわりの人がうまくいったりすることにイライラした感情を覚えるからです。

自分の自尊心を習慣的に感じられるようになれば、心の枠も広がり、平常心を保ち続けることができます。

ここから自分の自尊心の育て方をお伝えしていきます。

人の自尊心はどうすれば育つのか？

子育ての場合、子どもを「安心して、甘えさせてあげること」です。そして、ひたすら甘えさせてあげると、子どもは豊富な依存体験を土台に、自立したくなります。

それと同じように、自分のことも甘えさせてあげることが大切です。

いうなれば自分ファースト。

これは人生において本当に大事な考え方です。

さきほど、私の優先順位で、自分を一番に挙げました。

人生がうまくいかない人のほとんどが「他人ファースト」で生きています。

誰かのために生きることは尊く美しいことだと思います。しかし、そればかりでは自分をないがしろにすることになり、誰の人生だかわからなくなってしまいます。

自分ファーストでこそ、自尊心は育ちます。そうして自分を満たさない限り、大切な人を満たしてあげようとしても、満たしてあげることができません。

満たされた経験がない人に、誰かを満たすことはできないのです。

日本には「謙譲の美徳」という言葉があります。自分よりも相手のことを優先して行動することが好ましいとする考え方です。

そのためか、「ワガママはよくないもの」と教えられます。

ワガママとは「我があるまま、我が思うまま」で、自分に正直で素直な状態です。

自尊心は自分ファーストで育つ

優先順位を自分より他人にしている人は、
自分を一番大切にしよう

逆に、相手のことばかりを優先した状態は自分に嘘をつき、その嘘をついた偽りの自分を相手に見せているため、相手にも嘘をついていることになってしまいます。

たとえば、行きたくもない集まりに参加して笑顔を振りまいたり、苦手なお酒を勧められ断り切れなかったり……。

自分を一番大切にしましょう。体調が悪いとか、最近休んでいないから少しゆっくり休みたいなど、いくらでも断ることはできるのですから。

自尊心を育てるには、自分に嘘をつかない

自分を大切にするコツは、自分に嘘をつかないこと。仮に他人に嘘をついたとしても、自分にだけは嘘をつかないでください。

自分に対する嘘は、自分の思い、意見や感情を抑制し、個性を殺してしまいます。これを続けていくと、自分の意見や感情が出てこなくなります。心が死んでしまった状態になるのです。

では、具体的にはどうすればいいのでしょうか。

それは、**ハートの声をきちんと聞く。**

これが一番大事です。

嫌な仕事を任されたり、苦手な人と付き合わなければいけなかったりする状況もあるでしょう。そのときにはっきりと言葉にするのです。はっきりものが言えないのであれば、自分の心の声を聞くだけでもＯＫです。

本当は嫌だと思っているのに、「嫌と思っていない」と思うことが、自分に嘘をついていることです。

行動や言葉にしなくてもいいので、「本当の心の声が何と言っているのか」をしっかりと受け止めること。そこから始めてください。

相手の期待に応えようとしないで、自分の期待に応える

自分の期待に応えるワガママな生き方は、自分で考え主体的な意識で行動するため、成功しても失敗しても多くの学びを得られます。

もっとも、ずっと他人ファーストを続けていても、いずれ他人を完全に満たすことなどできないことを必ず体験するので、探求心のある方はいつか自分に正直で素直な生き方にシフトできるでしょう。

「今の状態を続けていたらどうなるだろう？」と考えてみてください。

1年先、3年先に、なりたい自分や望む状況が待っていそうなら、今を続けていってOKだと思います。

なりたい自分や望む状況に近づいていない、むしろ遠のいていると思うなら、今を

他人ファーストで生きている証拠かもしれません。
少しずつでも、ワガママな生き方をスタートさせてみてください。

他人ファーストになるくらいなら、他人に嫌われていい

他人ファーストで行動ができる人は、人に氣に入られやすいかもしれませんが、人に振り回されやすくなります。
ずっと自分のことを後回しにして、自分で自分の本音を聞かないため、自分がしたいことがわからないからです。

他人ファーストで行動しがちな人は、自分に対して、「本当はどうしたい？　本当の本当は？」と自問してみてください。

最初はなかなか本音を引き出せないかもしれませんが、続けていると、少しずつ心の底にあった自分の思いが引き出せるようになります。

すると、いかに他人ファーストで生きていたかに氣づけます。そのうち、他人ファーストな行動をしようとする自分にストップをかけ、自分ファーストに修正できるようになります。

いくら「自分に素直に、正直に」と願っていても、どうしても他人ファーストを手放せない。

そういう人は、人に嫌われるのが怖い、という思いを拭えないのだと思います。

でもよく考えてみてください。人から嫌われても何も困ることはありません。

それよりも、自分に嫌われる状態が一番よくありません。自分が自分を嫌いになってしまうと、自尊心が育たず、自信を持てなくなって行動できなくなってしまいます。

そうなると、人生がうまく進んでいきません。

まずは自分に素直に正直になって、自分を好きになる。そのあと他人に好かれるかどうかを考える。この順番を大事にしてください。

すべての人から一切嫌われることなく、自分を好きになるのは無理です。

自分に素直に、正直に行動するようになると、一時的に周囲から「あれ？　どうしたんだろう？」といった声が聞こえてくるかもしれません。接し方や態度を変えたのですから、周囲から反応が出るのは当然です。

でもそれは、野球やゴルフでフォームを変えると一時的にスコアが落ちるのと同じで、新しいフォームに慣れるまでの移行期特有の症状にすぎません。

しばらくすれば本当の自分に対する理解が広まって、親しい人の入れ替わりはありますが、周囲とのよりよい関係を築けます。

湧いてきた思いを大切にする

たとえば、何度も一緒に旅行している友達からの誘いなのに、なぜか今回の旅行は氣が乗らなくて行く氣がしない、というようなことってありますよね。

おいしいと評判のお店に行ってみたけど、なんとなく氣に入らなくて入店しなかった、というようなこともあるはずです。

いずれも、これといった明確な理由があるわけではなく、直感やフッと湧いてきた感情で「ただそう感じただけ」ということですが、感じてしまった以上、それを優先させてみることをオススメします。

なぜなら、直感として自分の本音が表れることが多いからです。

本音というのは、根拠がないものです。

だから、根拠がないことを自覚しながら、感じたままに行動することで「我が思うまま」のワガママでいられます。

おいしそうなお菓子を見たときに、心で食べたいと思っても、「ダイエット中で太るから食べるのはやめよう」と考えて実際に食べない、という経験もあると思います。

同様に、人からひどい嫌がらせを受けて、心の中で「こんなヤツ、死んじゃえばいいのに」と思っても、もちろん行動には移さない。

そんなとき、行動に移すかどうかは置いておいて、いずれも、心で思った「食べたい」「死んじゃえ」という衝動的な感情を受け止めて、「ダイエット中でも食べたいものは食べたいよね」「ひどい嫌がらせを受けたのだから、そう思っても仕方ないよ」と自分の思いを尊重してあげることが大事です。

その衝動的な感情に、本音が表れています。

「死んじゃえ」だなんて、物騒なことを思うなんて「自分らしくない」というのは勘違いです。

人の心は、そんなに清らかではありません。グシャグシャなのが当たり前、汚いことが当たり前。耐えがたいことをされたら、物騒なことを思うのが人間で、ある意味、健全です。

心に感じたことをなかったことにするのではなく、あるものとして受け入れる。

自分の心を無視して、思わなかったことにするのは、自分に嘘をつくのと一緒です。

自分に嘘をつき続ければ、自分が自分でなくなって、心のバランスがおかしくなってしまいます。思いを必ずしも行動に移す必要はありませんが、どんな感情もちゃんと受け止めてください。

そして物騒なことを思った相手とは距離を置いて、できるだけ近づかないようにすればいいだけです。

不成仏の思いを、ちゃんと叶えてあげる

誰の心の中にも、「あのときやっておけばよかったなぁ」という後悔や、「今となっては遅すぎるから……」という思い残しがあると思います。

そう思うことほど、「今さら」であっても実行することを強くオススメします。「今さらやってもしょうがない」ということはひとつもありません。

今さらだけど、〇〇になりたかったんだ
今さらだけど、やりたいことがあったんだ
今さらだけど、ずっと好きだったんだ

など、「今さら」と思うことには、本当は挑戦したかったことや本当は仲良くなり

たかった人など、憧れの氣持ちが隠れています。それなのに、「今さらやってもしょうがない」と言うのは、憧れていた氣持ちを否定して、憧れた自分を雑に扱っているも同然なのです。

試すことすらしなかった今さらと思うことは、いわば未練の残った「不成仏」です。心のどこかで、「どうせやってもモノにならないから無駄」「どうせ言ってもわかってもらえない」など、ふてくされて拗ねた思いがありませんか。

もしあったら、それは不成仏がある証拠です。ぜひ、「今さらだけど」と思うことを書き出して、ひとつずつ実行していきましょう。

それは、いわば自分の中の「不成仏供養」です。

自分の人生に手を尽くして、不足していた部分を埋めることができるので、当然心が満ちていきます。逆に、今さらと思うことをしないのは、自分の人生に手を尽くしていない、ということ。

それで、親や上司など他人に言われたことは忠実にこなし、にもかかわらず文句を言われたりして……。自分が可哀相すぎませんか。

子どものときに買えなかった駄菓子やおもちゃがあるなら、大人買いするのもよし。歌手の夢があったなら、小さなライブハウスに立つための練習を始めてみるもよし。フリフリのドレスを着たかったのなら、こっそりコスプレするのでもよし。

そんなのただの自己満足じゃん、とバカにしてはいけません。

たしかに、自分供養は自己満足の極致です。しかし、自己を徹底的に満足させることが自分の心を平穏にするコツなのです。

不成仏の思いがある限り、どこまでいっても不足感は拭えません。不成仏の思いがコンプレックスや妬み嫉みを生み出すこともよくあることなのです。

自分のしたいことをして充実している人を見ると、面白くなく映って、私はこんなに我慢しているのに、あの人ばかり楽しそうでズルい、とやっかんでしまいます。

他人をやっかむのは、自分が不足を抱えて心に穴が開いているから、ということもできるでしょう。そして、不足している人は、他人に冷たくて意地悪もします。

「私も不足状態を我慢しているんだから、あなたも不足状態を我慢しなさいよ」と、無意識に相手にも自分と同じことを強要するのです。

特に、今さらと思うことが浮かばなければ、「一度はやってみたいと思うこと」をやってみてください。

ひとり旅、バンジージャンプ、英会話、絵画など、やりたいことなら何でもＯＫ。

子どものころに、本当はサッカーのボールを蹴りたかったのに、背が高いという理由でキーパーをやらされた。野球のピッチャーをやりたかったのに、体が大きいからという理由でいつもキャッチャーをやらされた、といった不本意な思い出も解消するといいでしょう。

過去の嫌な思い出も含めて、それらの思いは不成仏です。

今さらと思わずに、しっかり「自分供養」してあげることで、自分の心をいい状態へと導くことができるのです。

自己満足できると自尊心が満たされて、自己価値も高まります。

自分供養をしよう

「今さらと思っていたこと」「昔やりたかったこと」「本当はやってみたいこと」など、ちゃんと受け止めて、できれば叶えてあげる

自尊心が満たされ、心がいい状態になる

「得たい結果」ではなく、「得たい感情」にフォーカスする

「あなたの夢や目標は何ですか？」と聞かれたとき、お金をたくさん稼げるようになりたい、とか、パートナーがほしい、と答える方も多いと思います。

でも、実はそれらは幸せになるための「手段」にすぎません。

本当の夢や目標は、「どんな感情や感覚を味わいながら生きていたいか」ということです。

憧れの職業につけたら、いつもどんな氣持ちで過ごしていそう？　どんな毎日を過ごしたい？　というところまでぜひ考えてください。

憧れの職業ではなく、憧れの自分の状態を思い描くことが幸せを手にするカギです。

それを考えないと、仮に夢を叶えたとしても、幸せな結果にたどり着けるかどうかわかりません。

たとえば、たくさんお金を稼げるようになりたい、という人の場合。

お金をたくさん稼ぐという手段によって、安心感がほしい、安定した暮らしがしたい、ということを願っていると思います。

お金はツールであって、安心・安定が本当に求めるもの。

お金をたくさん稼げるようになったにもかかわらず、もし安心・安定が手に入らなければ、苦しさを感じます。

逆に、安心・安定が手に入るのであれば、手段は必ずしも「お金をたくさん稼ぐ」でなくてもいいのです。


実際、たくさん稼いでいるのに、いつも不足感や不安感に襲われていて、ストレスを抱えながら働き続けている人はたくさんいます。

パートナーがほしい場合も、パートナーがいることによって人とつながっている感覚がほしい、精神的な支えがほしい、という願いが本当に得たいものだと思います。

パートナーができたとしても、相手によってはうまくつながれず、孤独を感じることもあり得ますね。

そんな不本意な状況にならないためにも、パートナーがいることによってどうなりたいのか、ということまでしっかり思い描く必要があるのです。

- **「変化とやりがいを感じたい」から、商社に就職したい**
- **「世間の注目を感じたい」から、新しいことで起業する**
- **「豊かさと自由を味わいたい」から、お金持ちと結婚する**

こんなふうに思い続ければ、実際に願いが叶ったときに、思っていたのと違った、と落胆せずにすみます。

次々に「手段」ばかり叶えても、「何かが違う」「やっぱり満たされない」ということはよくあるのです。

手段に固執するとおかしなことになりがちですが、この本当に得たい感情や感覚には、ぜひ貪欲になってください。

間違って手段に貪欲にならないために、まずは得たい感情や感覚を明確にしてから、それを得るための手段を考えるようにしましょう。

第7章

失敗の受け入れ方&イライラ緊急対処法

できないことを当たり前にする

なんでもそうですが、思う通りにいかないからといってすぐにイライラせず、できなくて当たり前だと思ってください。

初めて挑戦することはもちろん、何度も繰り返すことでも、「できなくて当たり前」と捉える習慣を持ちましょう。

「きっとできる」という前提を持っていると、失敗ややり直しを恐れるようになり、新しい行動ができなくなります。

行動すればするほど、経験を積めば積むほど生きた知恵を授かれるのに、失敗や成功ということに囚われるのはもったいないことです。

たとえば、初めて好きな女性ができて、その人をデートに誘おうと思ったとき、「自分がよく行くから」という理由で、男性ばかりいる牛丼屋に連れて行こうと計画するとします。そして実際に連れて行ったところで、ロマンティックを求める女性であればあまり喜ばないでしょう。二度目の誘いには断られる可能性が高くて、そのままフラれるかもしれません。

でも、そのフラれる経験から、好きな人に喜んでもらえるデートについて考えることができ、次に好きになった人をデートに誘うときには、女性が喜びそうなお店に行こう、と計画と行動を変えられるのです。

こうして、人は自分が経験したことから学んでいくわけです。

行動に移しにくい人の中には、周囲の期待を裏切れない、期待に応えなくちゃいけない、と強く思っている人もいます。

実際に周囲はそこまで思ってないのに、自分でそう思い込んでしまう、つまり、自意識過剰な状態です。

自意識過剰な状態には、自尊心が高くても低くてもなるものです。そして、一見矛盾しているようですが、実は、自尊心が低いほど自意識が過剰になる傾向があります。

自尊心が高ければ、自分が何をしようが自由で、周囲から何を思われようがかまわないと思えるため、したいことがあったらすんなり行動に移せます。

一方、自尊心が低いと、人からこんなふうに思われなくない、という思いが先立って緊張し、なかなか行動に移せません。

中には、人から変な目で見られるかもしれないなら、何も行動に移さないほうがいいと考える人もいるでしょう。

繰り返しになりますが、現実という「外側」の世界は、行動して初めて変わります。今ある状況を変えたいときには、とりあえずうまくいく・いかないにかかわらず、行動することが不可欠なのです。

「するとなる」の法則

私たちは、何かを「する」という行動によって、何かが「なる」という結果を得られます。

ゴルフでたとえるなら、ボールを打つという行動（する）によってボールを飛ばし、ボールが飛んで芝生に落下するという結果（なる）を得ます。

ボールが飛ぶ方向や距離を変えるには、打ち方（行動）を変えないといけません。

今の打つときの姿勢は安定していなかった、スイングの勢いが足りなかったなど、よくなかった点を見直して、次の打席までに少しでも修正していきます。

しかし、多くの人が「自分がしたこと（する）」よりも、あらぬ方向に飛んだボールの行き先「なったこと（なる）」ばかりを見て、「あれ？　なんであっちに飛んで行っちゃうんだよ……」と首をひねるだけで終わらせてしまうのです。

「なる」は結果であり、状態です。目の前に表れるから捉えやすく、「する」は自分の行動なので捉えにくいものです。

でも、結果を変えるには行動を変えなければならず、自分の行動が捉えられるようになると、自ずと結果が変わっていきます。

思い通りにいかなかった失敗は見ないで、「次！　次！」と切り替えたくなる氣持ちはわかります。

しかし、次を成功させるには、失敗した結果よりも、それを生み出した行動や選択を見つめて、どうしたらうまくいくのか、という改善点を見つけるしかありません。

たとえば、信じていた人に騙された場合、次のように言動を見直すことができます。

「自分は人の言うことを鵜呑みにしやすいところがあるから、おかしいと思ったら立ち止まって考えよう」

「人に利用されやすいから、嫌なことはちゃんと嫌と言うようにしよう」

「よくわからないまま返事をしてしまうクセがあるから、わからないことは調べたり、信用できる人に相談したりするクセをつけよう」

など、同じ目に遭わないための知恵をつける。これが、よりよく生きることにつながるのです。

「結果」はいつも正しい

結果から、「自分は何を選択したからこの結果を手にしたのか」、という無自覚の行動を知ることが学びです。

失敗をなかったことにして、結果をねじ曲げ、自分の見たいようにしか見ないのは、自分がとった行動は間違っていない、正しくやった、と思い込みたいからです。

「自分の選択は正しい」という前提で結果を見ると、失敗した結果がおかしい、間違っている、となるわけです。

結果はいつだっておかしくありませんし、間違ってもいません。

結果は常に正しいのです。

「この結果は受け入れがたい」ということであっても、結果とは受け入れるしか選択肢がないもの。

「結果を嘆く」ことは、正しいことを嘆く、ということになるので、いつも嘆いてばかりというのは無意味です。

結果が思い通りにいかなかったら、嘆くのではなく、すぐにでも結果から自分がとった行動を振り返らなければなりません。そうすることが、次にうまくいく可能性を高める唯一の方法なのです。

これはゴルフのスイング然り、仕事もビジネスも同じです。

行動を振り返り、変化を積み重ねれば、間違いなく結果にも変化が起こります。

もっとも、1回の行動を変えたら、望む結果がすぐ手に入った、という魔法のようなことはそうそう起こり得ないでしょう。

変化は一氣に起きるものではなくて、じわりじわりと表れるものです。

すぐ行動に移して継続できる人ほど変化のスピードは速いですが、それができる人ばかりではありませんし、継続している途中で中断せざるを得ない状況やタイミングも起こります。

まずは、常に正しい結果を振り返る習慣を身につけて、自分の行動を少しでも捉えるように努めましょう。

思い通りいかないことも楽しむ習慣を持つ

結果は常に正しい、ということを言い換えれば、結果はもっとも自力が及ばないところ、つまり他力の極みにあるということ。すなわち、天や神が決めていることだともいえます。

天や神でなく、仏でもかまいません。人知が及ばない、あるいは説明できない、影響を持てず、関与もできない大いなる事の成り立ちや働きを一言で、天、神、仏と呼んでいるだけ。ほかの言葉のほうがイメージしやすければ、なんでもかまいません。目に見えないが天、神、仏が存在するように感じる人もいれば、そうではない人もいます。どちらでもかまいません。

この世では、テロや殺人、自然災害など、なくなってほしいこともたくさん起きています。それらを望まない人たちが圧倒的に多くても、事象として起こっていることは否定できません。この世はままならないものですから、それも大いなる事の成り立ちの中のひとつなのです。

「それを完全になしにする」という選択は、我々人間にはできないでしょう。私たちにできるのは受け入れて、そして向き合い、苦難を最小限にするためにどう行動するかの選択だけ。市民としてテロや殺人をする人たちとはかかわらない、それらが起きるような危険な場所にも行かない、災害に備えて防災グッズを揃えて食品を備蓄する、世界情勢やテロなどが起きる背景を理解しようと努めていく、などです。

この世はままならないものなのに、思い通りにいく「ままなる」ことだけに喜びを感じてしまうと苦しくなります。「ままなる」ことだろうが、「ままならない」ことだろうが、天から見たら、すべてうまくいっているのです。

その大きな視点で考えると、ままならないことが起きても、長い目で見たら実はうまくいっているのかもしれません。「この失敗がいつか、成功のもとになる日がくるかもしれない」と思えてくるでしょう。

天は途方もなく厳しいですが、途方もなく優しくもあるのです。

天は必ずフィードバックをくれる

この世は、ままならないときもあれば、思い通りにいく「ままなる」ときもあるのが自然です。ままならないことがずっと続くこともないし、「ままなる」ことがずっと続くこともありません。

その確率はわかりませんし、誰にも決められることではありません。

人が決められるのは行動を「する」まで。結果の「なる」は決められないので、行動したら、相手や天に委ねて待つのみです。

天は、行動に対して必ず何かしらのフィードバックをくれます。そのフィードバックに、善悪はありません。

たとえば、ボールを空に向かって2個同時に投げたとします。1個は右に、もう1個は左に落ちた。そのとき、「2個とも右に落ちると思ったのに、どうしてバラバラに落ちたんだ！」とイライラしても始まりません。

右に落ちるのが成功で、左に落ちるのが失敗？　そんなことはありません。単なる、自力の及ばない範囲の結果にすぎません。

どうしても、思い通りにいくこと、「ままなる」ことがいいことだと思いがちですが、もし本当に世の中がすべて思い通りにいったらどうなるでしょう。

ゴルフで打つボールがすべて、ホールインワンになったら、なんにも面白くないでしょう。

サッカーや野球で応援している選手やチームが常に１００％勝つことが決まっていたとしたら応援する必要がありませんよね。

むしろ、負けることもあるから応援し続けられて、楽しめるものでしょう。

つまり、「ままならない」ことも「ままなる」ことも、同じくらいの価値がある、ということなのです。

常に正反対のことを考えるクセをつける

物事が思い通りに進んでいないとき、自分を除くほかの人はみんなスムーズにいっているように見えることがあります。そうすると、

「どうして自分だけがうまくいかないのだろう」

と不安になるかもしれません。

ですが、それは思い違いです。そんなことは絶対にありません。

自分に見えているものだけが実際の出来事ではありません。誰しも、自分が見たいものを見たいように見ています。ほかの人が陰で努力していることや、挫折の経験があることは見ずに、都合よく「ほかの人のうまくいっているところばかり」を見てし

まうこともあります。

そんな盲点が私たちにはあります。

それらがあることを自覚していると、物事の見方が変わります。

視野を広げて全体へと自然に目を向けやすくなるのです。

人は前を向いたら後ろが見えず、後ろを向いたら前が見えません。つまり、人は盲点だらけなのです。

そうかもしれないし、そうじゃないかもしれない

何かを目にして思考が浮かんできたら、「そうかもしれないけど、そうじゃないかもしれない」と同時に反対のことを考えるクセをつけるといいと思います。

たとえば、「パートナーが浮氣をしたんじゃないか」と思ったとします。

それは相手が正直に認めたり、決定的な証拠が出てきたりしない限り、「そうかもしれないし、そうじゃないかもしれない」のです。

私自身も、ひとつの考えが浮かんだら、すぐに視野を広げて、そうじゃないかもし

れないし、ほかにもこういう考え方ができるな、などと様々な角度から考えるように意識しています。

「きっと○○だ！」というときの「きっと」ほど当てにならないものはありません。

自分の感覚や考えがいつも正しいという前提に立つと、盲点が生まれ、人は誤った判断をします。

自分に盲点があることを意識できると、物事を柔軟に見ることができるだけでなく、ひとつの見方にこだわらずに過信しにくくなるので、自然と謙虚にもなれるのです。

物事を様々な角度から見られるようになると、結果を受け入れる力がつきます。

そして、受け入れる力がつくほど、自分の中で想定外だったことが想定内になるため、思考の幅が広がって「なんでもあり」の状態に。「なんでもあり」と思えるようになったら、相当心が広くなった証拠です。

すると余裕ができてくるので、自己信頼、つまり自信もついてきます。

自信がつくと、自分の行動に自力を尽くして集中することができます。すると、集中して取り組めたこと自体に満足できるため、結果に対して過度な期待を抱かなくてすむようになります。

裏を返せば、思い通りの結果にならなくて、怒ったり悲しんだりするのは、手を尽くしていなかったことに後悔や自責の念があるのかもしれません。

自力を尽くして行動に集中していれば、想定外の結果になっても受け止められるのです。

「わからない」ことを怖がらない

想定外の結果の中には、

「えっ、どうしてこうなったの⁉」

「こんなことってあり？」

と理解に苦しむことも少なくありません。

なんとか理解しようとするものですが、結果は他力の範囲にあるものですから、理解しようとするだけ無駄、もしくは、わからないままにしておいたほうがいい、ということもあります。

たとえば、パートナーの氣持ちがわからなくて苦しい、という悩みを持っているとします。相手の氣持ちがわかったら苦しみはなくなりますが、すべてを読み取れてもおそろしいことに……。

「わかる」がゴールではなく、「わからない」がゴールのこともあるということです。

実際、世の中はわからないことだらけです。

この世の成り立ちは「わからない」でできているといっても過言ではありません。

世の中や自然の仕組み・成り立ちは、人間の頭でわかるような小さい規模で成り立っていないので、わからなくて当然だともいえるでしょう。

怒りを鎮める応急対処法

その1　できるだけひとりになる

イライラが生じたら無理に抑えようとしないで、可能であればひとりになる、もしくは人とかかわらないことがオススメです。

怒りで感情的になると、冷静な思考が働かなくなります。使う言葉も乱れ、まわりの人に八つ当たりや悪意ある言葉をぶつけてしまうことも出てくるでしょう。

もし八つ当たりしてしまったら、相手と険悪な関係になって、あとで謝る手間も増えてしまいます。そうなる前に、人のいない環境を選びましょう。できるだけひとりになる、もしくは人とかかわらないようにすることで、トラブルを回避できます。

その2　大きく息を吐く

感情と呼吸は密接にかかわっていて、呼吸が乱れないと感情も乱れないものです。怒っているときは、呼吸が一時的に止まってしまったり、乱れたりします。逆に呼吸が整っていると、「怒れ！」と言われてもなかなかできません。

呼吸は、吸う息が少なく短くなると、交感神経が優位になって緊張状態になり、逆に、吐く息が多く長くなると、副交感神経が優位になってリラックスする作用が働きます。

普段から、呼吸の深い人は心が安定していて、呼吸が浅い人は感情が乱れやすい傾向があります。

ぜひ、イライラしたときは、思い切り吐いてみてください。

ハーッと吐くよりも、フーッと長く強目に吐いたほうが強く吐き切れるのでオススメです。強く吐くほうが呼吸に意識を向けやすくなる、イコール、氣持ちが落ち着きやすくなります。

その3　受け止める言葉を変える

ひとりになって深呼吸をしたら、心の中に浮かぶ言葉を変えましょう。

手っ取り早いのは、「逆のプラスの言葉にする」という方法です。

たとえば、

「ふざけんな！」

と思ったら「マジでウケる（爆笑）」などと面白がってみるのです。怒っているときほど、効果的です。

先にも述べた通り、感情は想定外の出来事に対する反応です。想定外というのは驚きそのもの。怒りやすい人というのは、驚いたときの反応が「怒り」に設定されていることが多いのです。この設定を変えてみましょう。

「電車で隣のおじさんに文句言われた」

→**「腹が立つ！」「ふざけんな！」**

ではなく、

「電車で隣のおじさんに文句を言われた」

↓「文句言われた！　笑える」

↓「変な人に出会った！　すっごく面白いから誰か聞いて（笑）」

といった具合に、面白がってみること。これは怒りだけでなく、がっかりしたときとかにも使えます。

「ラーメン屋さんで1時間行列に並んだのに、自分の前で今日は終わりになった（笑）」

「ふざけんな！」ではなく、「マジかよ、笑えるんですけど～（笑）」「ほう、こんなこともあるんだ～。ＳＮＳのネタにしよう！」といった具合です。

イライラは、あり得ないと思う出来事や、どうにもならないことを、どうにかしたいと思うときに芽生える感情ですが、どんな出来事も起きてしまったら、受け入れて認める以外に選択肢はありません。

これは言葉から心を整える方法で、イライラしかけた心に言葉の力でストップをかけるわけです。

「あり得るよね～」「お、そうきたか！」「なるほど、なるほど」など、起きた出来事を受け入れる言葉なら、なんでもかまいません。

私がよく言うのは「笑える～」「マジっすか！」です（笑）。

ある種、思い通りにならなかったことや、あり得ないと思うことが起きたことを面白がる感覚です。

「人生はハプニングだらけ、一寸先はサプライズ」

私がよく言う標語です（笑）。

実際、起きる出来事がすべて思った通りだったら、どうなるでしょう？

ほしいものや結果が次々手に入って、その状況が延々に続いたら、ほしいものや得たい結果が尽きてしまいますよね。

それでは、何かをする氣力も尽きてしまって、面白いと思うことがなくなります。

つまらない日々を送りたくないなら、ハプニングやサプライズがあることを前提にして、できれば面白がりながら生きていきましょう。

おわりに

私がこれまで書いてきた本でも言い続けていることがあります。

それは、無意識の習慣や選択があなたの人生を作っている、ということです。


人が普段、意識的に選択していることは、実はそれほど多くありません。

人生は選択の連続だと言われます。でも、大事なのは人生の岐路に立ったときに行う大きな選択や意識的に行っている選択ではなく、日々の「なんとなく」無自覚に行っている思考、言葉、行動の選択のほう。

それらの小さな選択が一連の流れとなり、あなたの人生を作り上げていきます。

このなんとなくの無意識を変えるための方法はひとつしかありません。

それは、手にしている結果から振り返り、無自覚に選択しているものを自覚すること。そしてその部分を変えていこうと意識すること。意識ができれば変えられます。

この本を読みながら、読者の皆さんも、自分の普段の行いや習慣的にやっていることを振り返っていたのではないでしょうか。

これはその方自身が「変われる第一歩」を踏み出したということです。

日々をどのような感情で過ごしたいかを意識しておく。それだけで、人生の選択は変わってきます。

人生は一度きり。「なんとなく」で生きることをやめましょう。自分が手に入れたい感情・感覚を明確にし、意識的に選んで行動してみてください。

本書を最後まで読んでいただきありがとうございました。

種市勝覺

種市勝覺（たねいち・しょうがく）

風水コンサルタント、密教風水カウンセラー。

1977年東京生まれ。大学の卒業と同時期に、風水の考え方を学ぶとともに、空海密教の修行を行う。滝行・護摩行などの伝授を受け、2009年9月に四度加行(しどけぎょう)を終え、2010年12月には伝法灌頂(でんぽうかんじょう) に入壇。密教の阿闍梨となる。

現在は「財・体・心の流れを整える」を軸に、風水コンサルタント・密教風水カウンセラーとして活動。

「お金・健康・心・時間・人間関係」などの分野で意識の変容をもたらす会員制度『風水cafe ジンカイト』を主宰し、独自の手法を用いたカウンセリング・コンサルテーション・社員研修・各種セミナー・出張鑑定などを精力的に行っている。

著書に『口ぐせ、思いぐせ、行動ぐせを変えるだけの密教メソッドで「最強運の人生」を手に入れる!』（扶桑社)、『自分を変える「身口意」の法則』（フォレスト出版)、『感情を整える片づけ』（アチーブメント出版)、『ここに気づけば、もうお金には困らない』（サンマーク出版）がある。

◎種市勝覺オフィシャルサイト
https://taneichisyougaku.jp/

◎種市勝覺公式ブログ
https://ameblo.jp/sky-and-sea-corp/

ブックデザイン：小口翔平＋喜來詩織（tobufune）
イラスト：坂木浩子
DTP：野中賢（システムタンク）
編集協力：茅島奈緒深
プロデュース：鹿野哲平

怒らない習慣力

心と感情が整う「平常心」の作り方

2019年 5 月25日　第 1 版第 1 刷発行
2023年 7 月12日　　　　第 5 刷発行

著　者　種市勝覺

発行所　WAVE出版
〒102-0074東京都千代田区九段南3-9-12
TEL 03-3261-3713　　FAX 03-3261-3823
振替 00100-7-366376
E-mail：info@wave-publishers.co.jp
https://www.wave-publishers.co.jp

印刷・製本　萩原印刷

NDC140　223P　19cm　ISBN978-4-86621-216-6